CW01653920

Stefan Einhorn

ÄNGLARNAS SVAR

Personerna i denna bok är, med enstaka undantag som kommer att vara uppenbara för läsaren, tagna ur fantasins värld. I övrigt beror alla likheter med döda och levande människor enbart på tillfälligheter.

Denna Månpocket är utgiven enligt överenskommelse med
Bokförlaget Forum, Stockholm

FSC www.fsc.org MIX Papper från ansvarsfulla källor FSC® C007584

Omslag: Kerstin Hanson
Omslagsbild: Getty Images

Tryckt hos ScandBook AB, Falun 2012

ISBN 978-91-7503-047-0

PROLOG

2011

Han fyllde skoveln och lät jorden långsamt falla ner i graven. Det smattrade mot träet och för ett ögonblick såg han framför sig ansiktet på mannen som låg i den enkla kistan. Andreas hade sett det för sista gången innan de satte på locket. Ögonen var täckta av böneschalen, men ansiktet var rofyllt på ett sätt som han aldrig tidigare upplevt. Kanske hade den gamle mannen till slut fått frid.

Två gånger till tömde han skoveln med jord i graven. Därefter bugade han djupt och gick några steg åt sidan medan övriga sörjande visade den döde sin aktning. Ceremonin i det gamla stenkapellet på Norra judiska begravningsplatsen hade varit kort, med bara ett fåtal deltagare. Men den gamle mannen hade nog inte velat ha det på annat sätt, tänkte Andreas. Han hade haft få vänner och det berodde nog inte bara på hans höga ålder. Trots att han inte saknade charm hade han alltid varit en enstöring.

Efter att bönen för de döda lästs skingrades de sörjande. Några gick mot utgången medan resten samlades i en liten grupp vid graven. Andreas drog sig försiktigt bakåt i förhoppning om att ingen skulle närma sig och inleda ett samtal. Så kastade han en sista blick på hålet i marken, vände sig om och gick mot kapellet.

På den första bänk han såg slog han sig ner. Han kände sig oändligt trött och visste att han skulle somna om han slöt ögonen. Istället såg han sig omkring. Gravarna låg i symmetriska mönster. Vissa gravstenar hade börjat sätta sig och lutade betänkligt. Det fick honom att tänka på när han med sin dotter och sin fru besökt den judiska begravningsplatsen i Prag. De vittrande stenarna stod och låg huller om buller. Judiska gravar ska bevaras för evigt och när begravningsplatsen var full hade man helt enkelt lagt de döda i lager på lager ovanpå varandra. Ett mörkt molntäcke hade rört sig snabbt över himlen och ljuset växlade mellan dystert mörker och varmt solsken, vilket fick begravningsplatsen att framstå som både skräckinjagande och fascinerande vacker. Som en illustration av vår ambivalens inför den obevekliga döden.

För många år sedan hade Andreas lovat den gamle att hela historien skulle berättas när han var borta. Vem hade då kunnat ana att mannen skulle bli nästan hundra år gammal och överleva Andreas egen hustru? Men nu var tiden inne. Om det bara inte vore så smärtsamt att tänka på allt det ofattbara som hade skett.

”Där är du ju, pappa. Jag hoppas att det inte är mig du smiter ifrån.” Miriam stod mitt i solljuset och Andreas blev tvungen att kisa för att urskilja dotterns anletsdrag. Han såg att hon log.

”Jag kände att jag behövde vara för mig själv en stund. Förlåt om jag oroade dig.”

”Nejdå, det är ingen fara. Men det är dags att åka nu.”

”Jag stannar nog gärna kvar en stund. Jag kan ta mig hem på egen hand.”

Miriam tittade forskande på honom. ”Sitt kvar du. Men jag kommer tillbaka och hämtar dig om en timme. Jag vill inte att du ska behöva vara ensam för länge.”

Andreas fylldes av värme och insåg att hans dotter än en gång hade läst av honom rätt. ”Tack, det var omtänksamt.”

”Det är bara en sak jag vill be dig om, pappa.”

”Säg vad du vill ha, så ska du få det”, sa Andreas och log.

”Jag vill att du berättar för mig.”

Genast blev han allvarlig. Han tog Miriams smala hand i sin och kramade den. ”Du har rätt. Det är dags nu. De döda vilar och jag ska berätta allt för dig.”

MARCUS

1963

Marcus betraktade sonen som satt hopsjunken på köksstolen mittemot. Det långa toviga håret var mörkare än han mindes det och tröjan var smutsig. Jeansen hade stora hål och färgen på de tidigare vita gymnastikskorna var nu svårbestämd. Andreas var bara arton år men såg betydligt äldre och slitnare ut. Även om det berörde honom illa bestämde sig Marcus för att inte säga något om sonens utseende. Han var så tacksam över att träffa honom, att Andreas faktiskt hade kommit.

”Jag ser att du sitter och skruvar på dig”, sa han, ”och jag förstår att du helst vill slippa höra, att du vill ha din bild av verkligheten orubbad. Vi känner oss trygga i det vi känner igen, vare sig det får oss att må bra eller skadar oss djupt i själen. Men jag tror att det är bra att du får veta vad som hände, vad det var som ledde till att vi inte har setts under alla dessa år. Så jag vill be dig att lyssna utan att avbryta – denna enda gång.”

Marcus strök med handen över hakan medan han väntade på sonens svar. Han påmindes om att han med sin mörka skäggstubb brukade se orakad ut framåt kvällen. Hans vanligen milda framtoning fick då något hårt och aggressivt över sig. Jag borde ha rakat mig, tänkte han.

Andreas blängde på honom en lång stund men nickade till slut och Marcus log lättad. Kanske skulle det ändå kunna hjälpa Andreas ur hans svårigheter att få höra hela historien. Kanske skulle det ge svar på de frågor som plågade honom.

Marcus lutade sig tillbaka. Han hade återberättat historien så många gånger i sitt inre att orden nästan kom av sig själva.

”Jag visste att vilket beslut jag än fattade skulle det vara helt fel – och helt rätt. Det ena alternativet skulle leda till att jag förlorade min ställning, mitt goda namn, min familj och mina vänner. Det andra skulle förskona mig från allt detta, men ändå vara ett svek.

Jag valde den första vägen, medveten om att det skulle skada er, min familj. Jag vill försöka vara så ärlig som möjligt mot dig, Andreas. Och en fråga som du säkert vill ha svar på är – varför? Ja, inte var det för den kortsiktiga glädjen och inte heller av plikt. Sanningen är att jag gjorde det för att jag i mitt hjärta kände att jag måste följa mitt samvete.

Jag ser att du suckar och himlar med ögonen. Jag försöker inte ursäkta mitt beteende, bara förklara. Men jag ska börja från början – då blir det kanske lättare att förstå.

Din mor och jag var oändligt lyckliga när vi fick dig. Du öppnade dörren till en värld av känslor som jag inte visste existerade. Vi kunde sitta och titta på dig i timmar när du sov och beundra varje rörelse i din lilla kropp. Hänförda följde vi hur du växte och utvecklades. Jag vet att det är så för de flesta föräldrar, men samtidigt är upplevelsen fantastisk och unik. Det är som om allt skedde för första gången i världshistorien.

Din ankomst till världen förde också din mor och mig närmare varandra. Visst hade vi det bra på tu man hand, men du blev ett band som knöt oss ännu tätare samman. Vi blev föräldrar med ett gemensamt ansvar som skulle förena oss för evigt, eller det trodde vi åtminstone.

Du föddes vid en speciell tidpunkt i historien, det ska vi inte glömma. Kriget var äntligen över. Om Sverige hade dragits in i det kunde vår familj ha blivit en av dem som deporterades till den mänskliga avgrund som koncentrationslägren utgjorde. Vi har ju ett judiskt efternamn och även om det bara beror på att min farfar var jude – jag har aldrig känt mig som jude, jag är till och med döpt och var ju också gift med en icke-judinna – skulle det inte ha stoppat nazisterna.

Iris var medveten om riskerna, men när hon hade beslutat sig fanns det inget som kunde stoppa henne. Hon hade bestämt sig och inga hot i världen kunde avhålla henne från att älska mig och stanna hos mig. Hon är en fantastisk kvinna, din mor. Glöm aldrig det. Jag beklagar verkligen det lidande som jag orsakat henne, och dig. Men vi är allt som oftast fångar i vår känsla för vad som är rätt och fel, hur vi än kämpar emot.

Till denna värld av sorg och hopp föddes du på våren 1945. Eftersom din mor var angelägen om att börja arbeta så snart som möjligt anställde vi efter ett halvår en barnsköterska som skulle sköta om hemmet och dig. Den flickan lyckades bli gravid bara några månader efter att hon börjat hos oss och vi var tvungna att leta efter en ersättare.

Det var ungefär ett år efter krigsslutet som vi träffade Hanna Zylberberg första gången. Hon hade kommit till Sverige med de vita bussarna, direkt från koncentrationslägret Ravensbrück. När hon anlände var hon svårt sjuk, men god omvårdnad hade gett henne livet tillbaka. Det var en ren slump som gjorde att vi mötte Hanna, som flyktigt kände Madeleine, din moster.

Hanna berättade att hon just hade avslutat utbildningen till barnsköterska. Din mor fick då ett infall och frågade henne om hon kunde tänka sig att söka tjänst hos oss.

Hanna var ganska liten till växten och smal, med märkligt blå ögon som kontrasterade skarpt mot det mörklockiga håret. Det var kortklippt och här och var syntes redan enstaka grå strån. Då vi senare intervjuade henne hemma i vår lägenhet hörde jag på Iris röst att hon först tvivlade på om det skulle fungera – du var ett år gammal och Hannas svenska var vid denna tid inte helt perfekt. Men hon utstrålade en mild omtänksamhet som övertygade oss. Hanna berättade att hon hade kommit till Sverige i slutet av kriget, men ville inte tala så mycket om sin bakgrund. För att locka henne att berätta nämnde jag att vårt efternamn var min judiske farfars. Hanna log lätt och sa att hon var judinna. Sedan sa hon ingenting mer och vi avstod från att fråga.

När Hanna tittade på dig fick hennes ansikte en speciell lyster. Det var uppenbart att hon var barnkär och när hon vände sig mot oss och sa att hon skulle ta hand om dig, inte som sitt eget barn men nästan, kände vi att vi skulle kunna lita på henne.

Några dagar senare började Hanna arbeta hos oss, och hon höll sitt löfte. Snart skrattade och pep du av förtjusning så fort hon kom in i rummet, och när vi kom hem från arbetet – vi arbetade långa dagar – var det uppenbart att Hanna hade blivit din nya favorit. Din mor var nog lite svartsjuk men höll det för sig själv eftersom hon visste att Hanna gjorde ett fantastiskt jobb.

Hanna bodde i ett rum bredvid köket men gick sällan in till sig förrän framåt niotiden på kvällen. Efter middagen kunde hon börja tvätta och stryka och när jag frågade varför hon inte utförde dessa sysslor under dagen svarade hon att hon då var upptagen med att leka med dig. När hon väl försvunnit in på rummet såg vi henne inte förrän nästa morgon. Hur tidigt vi än gick upp var hon redan i köket och hade gjort i ordning frukost åt oss. Det var som om hon hade en inbyggd klocka som ringde en stund innan vi vaknade.

Även om hon hade ledigt från lördag eftermiddag till måndag morgon stannade hon nästan alltid hemma, och den mesta tiden satt hon i sitt rum och läste en bok. Vid ett tillfälle frågade vi om hon kunde tänka sig att passa dig om hon ändå inte skulle någonstans, självklart mot extra betalning. Hon sa att hon gärna gjorde det, och att det inte skulle kosta något extra. Så vi började gå ut på lördagskvällarna och lämnade dig hemma med Hanna.

Vi förstod att hon inte hade hunnit få så många vänner under den tid hon hade varit i Sverige och vi talade med henne om det flera gånger – vi kände flera ensamstående kvinnor i hennes ålder – men hon avböjde artigt våra försök att hjälpa henne.

Till en början var min och Hannas relation som man kunde föreställa sig i ett hushåll där jag var fadern och hon barnsköterskan som tog hand om mitt barn. Visst kände jag från första stund att det var något speciellt med denna magra, tystlåtna kvinna. Men hon höll sig diskret på sin kant och jag yttrade mest de vanliga artighetsfraserna. Ibland föreslog vi att hon skulle äta med oss när vi kom hem, men hon svarade alltid att hon hade ätit med dig och att hon inte var hungrig.

Det var först efter en tid som en annan sorts känslor växte fram. Jag måste ha förnekat dem i början, för när jag insåg vad jag kände blev jag själv förvånad.

Jag kunde komma på mig själv med att sitta och titta på Hanna över kanten på tidningen när hon stod och strök våra kläder i köket efter middagen. Det handlade inte bara om ett hastigt ögonkast utan jag kunde stirra på henne i flera minuter. Jag hade inte sett Hanna som en skönhet när jag träffade henne första gången, men nu tyckte jag att hennes lite oregelbundna ansiktsdrag var vackra. Jag intalade mig att det var som att betrakta ett konstverk där motivet blir allt tydligare ju längre man tittar.

Jag inser att du inte vill höra det här, Andreas, men jag vill gärna att du lyssnar så att du kan förstå! Det var inte så att jag lämnade er utan anledning. Låt mig förklara.”

Sonen såg tigande på honom med sina bruna ögon. Blicken var stundtals flackande och nervös, stundtals håglös. Marcus tittade på hans envetet plockande fingrar som rörde sig över köksbordets skiva och undrade vad det var pojken gick på.

När Andreas inte sa något bestämde han sig för att fortsätta:

”Jag kom också att bli alltmer fascinerad av hennes röst. Hanna lärde sig bättre och bättre svenska – hon hävdade att det var genom att lyssna på radio, läsa böcker och tala med dig – men hennes speciella polska brytning gav rösten en sjungande klang som jag aldrig hade hört förut. Inte sällan ställde jag frågor om hur er dag hade varit bara för att höra denna säregna röst. Hanna svarade alltid artigt, inte för kort och heller inte för långt, men hon underhöll aldrig samtalen. Vi kunde tillbringa långa stunder i varandras närhet utan att ett ord yttrades, och det egendomliga var att jag, som alltid hade uppfattat tystnaden mellan människor som besvärande, kände mig trygg i denna ordlösa gemenskap.

Sedan kom kvällen då det inte längre gick att blunda för vad som höll på att ske. Iris hade rest för att hälsa på din mormor och skulle komma hem först nästa dag. Jag var trött och hade gått och lagt mig tidigt men vaknade av att det hördes röster från ditt rum. Jag gick upp för att se till dig och när jag öppnade dörren till barnkammaren satt Hanna på en stol med dig i famnen. När du upptäckte mig vinkade du glatt och sa 'Anna' samtidigt som du pekade på Hanna. Det var ett av de första orden du hade lärt dig, 'Anna'. Hanna log generat mot mig och berättade att hon hade hört konstiga ljud från barnkammaren, gått hit och upptäckt att du hade kräkts. Hon hade tagit upp dig, tvättat dig ren och bytt lakan och sedan satt sig med dig i stolen. 'Det är bra nu, han mår bra', sa hon med sin speciella brytning som hade blivit lite svagare under de sex månader hon hade varit hos oss.

Synen grep mig djupt. Den späda kvinnan som satt barfota med min lille son, med dig, i sin famn. Jag var så tagen, både av situationen och av en tanke som med kraft trängde fram ur mitt undermedvetna, att jag bara stod där. Och tanken upprepade sig i mitt huvud, som en bön: 'Det här är min familj, det här är min familj.' Jag förstod inte varifrån den kom. Efter en stund, antagligen för att bryta tystnaden, bad Hanna om ursäkt för att de hade väckt mig. Jag mumlade något om att det var märkligt att hon, som hade sitt rum i andra änden av lägenheten, hade vaknat men inte jag. Under tiden stirrade jag på hennes små fötter som tittade fram under det långa linnet och tänkte att de var perfekt formade.

Du hade piggnat till av all uppmärksamhet och jag sa till Hanna att hon kunde gå och lägga sig, så skulle jag ta hand om dig. Hanna ruskade bestämt på huvudet och menade att jag inte skulle behöva vara trött när jag gick till jobbet på morgonen. Hon skulle sitta hos dig. Jag visste inte vad jag skulle svara och frågade istället om hon ville ha en kopp te, när hon ändå var vaken. Självklart svarade Hanna att det kunde hon ordna, men jag lät mig inte bevekas utan gick och gjorde var sin kopp till oss. På den tiden var det i stort sett allt jag kunde åstadkomma i ett kök.

När jag kom tillbaka satt ni två fortfarande tillsammans på stolen. Hanna nynnade på en polsk barnramsa som handlade om en liten kyckling: 'gotto wava kurka, gotto wava.' Samtidigt nöp hon i dina fingrar och du skrek av skratt när kycklingen i form av Hannas klättrande fingrar letade sig in i din armhåla.

Jag satte en kopp på det lilla bordet bredvid din säng och sjönk ner på golvet vid fönstret. Du hasade dig ner från Hannas famn, gick ostadigt de få metrarna fram till mig och satte dig i mitt knä tillsammans med en nalle du hade plockat med dig på vägen. Hanna såg ett ögonblick förvirrad ut och det verkade som om hon undrade om hon skulle stanna när hon inte längre behövdes, men hon satt kvar ändå.

Sedan började Hanna och jag långsamt tala. Det var första gången som vi gjorde det utan att din mor var hemma. Vi kände oss lite osäkra och blyga i varandras närvaro och det blev långa pauser i samtalet, men efterhand var det som om vi glömde bort vad vi själva skulle säga och istället koncentrerade oss på att lyssna på den andra. Försiktigt frågade jag Hanna om det som hade hänt under kriget och hon berättade att hon och hennes familj hade blivit instängda i ett getto i hennes hemstad och att hennes make hade skickats därifrån före henne. Han hade avrättats i ett dödsläger. Jag visste inte att Hanna varit gift och frågade utan att tänka efter om de haft några barn. Hon viftade avvärjande med handen och jag tittade generat ner i golvet och insåg att jag i min nyfikenhet hade gått över en osynlig gräns.

Efter en stund sa hon: 'Ja, vi hade en son, Max. Han fördes bort.'

Jag lyfte blicken men visste inte vad jag skulle säga. Hannas ansikte röjde inga känslor när hon fortsatte: 'Jag försökte hålla fast honom, men polisen var starkare. Han slet till sig Max och slängde upp honom på flaket till lastbilen. Kan ni förstå hur en människa kan skicka iväg ett litet barn mot döden framför ögonen på hans mor? Kan ni förstå det?' sa hon med blicken riktad mot en punkt långt utanför lägenhetens väggar.

Du tittade på Hanna med förvånad min, reste dig ur mitt knä och gick fram till henne och slog armarna om hennes ben. Hanna lyfte upp dig i famnen innan hon fortsatte: 'När vi kommenderades att gå tillbaka till vår lägenhet gjorde jag just det. Jag hade egentligen bara en tanke i huvudet: att överleva för att kunna berätta om det fruktansvärda som de hade gjort mot min son. Men sedan, när det hela var över, kunde jag inte förmå mig att tala om det.'

Vi fortsatte att samtala till långt in på natten, om hennes tid i Polen före kriget, om mitt liv här i Sverige, då vi hela tiden väntade på den fruktansvärda nyheten att tyskarna även invaderat Sverige, men även om våra förväntningar på livet. 'Jag har inga egentliga förhoppningar', sa Hanna. 'Jag vill inte ha fler barn. Max kan aldrig ersättas.' Jag försökte protestera, men Hanna skakade långsamt på huvudet och sa att hon inte skulle stå ut med att förlora ett barn till: 'och utan barn har jag ingen längtan efter att gifta om mig. Det enda jag vill är att få möjlighet att ge andra barn den kärlek som jag inte längre kan ge Max.' Hon tittade tankfullt på dig som nu somnat i hennes armar.

Vid fyratiden på morgonen lade Hanna försiktigt ner dig i sängen, rätade på ryggen och log generat mot mig. Jag reste mig på stela ben, gick fram till sängen och vi stod ett tag och beundrade dig. Sedan sträckte Hanna förläget fram handen. Jag tog den och hon sa 'God natt och tack', vände sig långsamt om och gick till sitt rum. Jag stannade kvar och tittade på dig och tänkte på hur det skulle kännas att förlora sitt barn. Sedan gick jag och lade mig. Det dröjde innan jag somnade.

Iris kom hem på eftermiddagen dagen efter och på ytan var allt som vanligt. Inuti mig rådde en förvirring, som jag aldrig tidigare hade upplevt. Jag älskade din mor, men mina känslor för Hanna var något helt annat. Där fanns en djup samhörighet som jag inte kan förklara.

Naturligtvis undrade jag om Hanna kände på samma sätt och till slut såg jag ingen annan utväg än att fråga henne. En kväll när din mor träffade några väninnor tog jag mod till mig och knackade på Hannas dörr. Hon öppnade genast – det var som om hon hade väntat på mig – men såg orolig ut: 'Vad har hänt? Mår Max inte bra?' Hon var tyst ett ögonblick innan hon slog handen för munnen. Jag låtsades att jag inte hade hört felsägningen och försäkrade henne om att Andreas sov lugnt men att jag behövde tala med henne. Hanna stängde dörren efter sig och gick in i köket och satte sig.

Jag slog mig ner mittemot henne och visste plötsligt inte vad jag skulle säga. Alla de repliker jag hade förberett var som bortblåsta. Med svag röst började jag att tala: 'Jo, jag känner att vi har kommit varandra nära och vill fråga dig ...' Längre kom jag inte förrän Hannas förskräckta min fick mig att tystna.

Jag tog ny sats: 'Jag har starka känslor för dig, Hanna. Jag vill bara veta om du känner likadant.'

'Snälla, säg inte mer. Det finns inget mer att säga. Det ni talar om är omöjligt, otänkbart', sa hon.

Jag öppnade munnen för att fortsätta, men blixtsnabbt for hennes lilla hand upp och lade sig över min mun. Sedan insåg hon det opassande i sin gest, tog snabbt bort handen och mumlade en ursäkt. Den milda lukten av tvål dröjde sig kvar i mina näsborrar.

Hon lutade sig tillbaka på stolen och drog handen genom håret. 'Andreas är min familj, ni är som min familj.' Hennes läppar darrade lite innan hon fortsatte: 'Jag skulle aldrig skilja er åt. Jag vet hur fruktansvärt det är att förlora sin familj. Sedan är det en annan sak. Mitt hjärta har för länge sedan frusit till is, det är stängt och jag kommer inte att öppna det för någon man, det kommer aldrig att ske. Jag stannar här så länge jag kan, vilket nog inte blir länge till, men inget kommer att ändras mellan dig och mig. Mitt svar är att jag inte känner som ni.'

Hon reste sig och tillade: 'Det här samtalet borde aldrig ha ägt rum.' Sedan gick hon in i sitt rum. Jag satt kvar vid köksbordet en lång stund, förkrossad men samtidigt egendomligt lättad. Min fråga hade åtminstone blivit besvarad.

Så fortsatte vårt liv tillsammans. Jag talade inte med henne fler gånger på tu man hand, men Hanna hade rätt i att samtalet inte borde ha ägt rum. Vi kunde inte vistas i varandras närhet utan att rodna, och av rädsla för att mina känslor skulle avslöjas undvek vi att ens utbyta artighetsfraser. Iris skulle ha varit en känslomässig krympling om hon inte hade noterat förändringen och under en söndagspromenad konfronterade hon mig. Jag minns att det var minusgrader och att det snöade den dagen. Du satt i vagnen så påpälsad att man i stort sett bara kunde se din näsa. Jag hade kunnat ljuga om mycket, men jag kunde inte förneka Hanna. Så jag berättade hur jag kände. Jag försökte vara så uppriktig som möjligt och förklarade att mina känslor inte var besvarade.

Din mor var tyst länge. Sedan sa hon: 'Det hade varit enklare om ni hade ...' Ja, här använde hon ett uttryck som jag avstår från att återge. Hon tvekade ett ögonblick innan hon fortsatte: 'Det blir inte lätt, men jag ger dig den här möjligheten. Hanna får omedelbart sluta hos oss och du måste fatta ett beslut. Antingen väljer du mig och vårt barn eller så väljer du bort oss helt. Om du lämnar mig lämnar du också Andreas. Och det för en kvinna som inte vill ha dig.'

Tonen var neutral, men jag kunde höra ilskan i hennes röst. Vi gick bredvid varandra och jag tänkte på hur gärna jag skulle vilja stanna med min familj, men den kraft som drog mig till Hanna var nästan omöjlig att stå emot. Och innerst inne hoppades jag att hon skulle ändra sig. Jag vände mig mot Iris och hon satte upp handen, som för att skydda sig.

'Jag vill att du ska veta en sak till innan du bestämmer dig. Jag är gravid i andra månaden.' Hon sänkte långsamt handen igen, som om hon inte längre behövde gömma sig bakom den.

Jag stannade och såg hur ni två fortsatte allt längre bort. Du rörde oroligt på dig och pekade på mig, men din mor gick bara vidare. Ju längre bort ni försvann, desto tydligare insåg jag vad som måste göras. Ett nytt liv växte i din mors kropp och jag visste att jag inte hade något val. Jag ville inte se min familj försvinna ur mitt liv, så jag gick ifatt er.

Medan Iris gick in för att tala med Hanna stannade jag ute med dig i den tilltagande kylan; jag visste inte längre om den kom utifrån eller inifrån min egen frusna kropp. Efter en halvtimme kom Hanna ut genom porten med en resväska. Jag gick fram till henne och sa: 'Förlåt, det var inte så här jag ville att det skulle bli.'

Hon såg på mig en kort stund och sa sedan med nedböjt huvud: 'Det var inte meningen att detta skulle vara för evigt. Jag är glad att jag fick den här tiden hos er.'

Jag försökte komma på något att säga, men orden fastnade i halsen. Hanna tog ett steg fram till barnvagnen och lyfte upp dig. Hon höll dig hårt i famnen och när hon satte ner dig igen tittade du allvarligt på henne.

Hanna log sorgset mot mig och sa: 'Att försöka vinna mitt hjärta är som att jaga en skugga. Du har fattat ett bra beslut! Glöm aldrig det.'

Ja, det finns inte så mycket mer att berätta om den dagen. Hanna tog sin väska och gick sin väg utan att vända sig om. Hon såg aldrig att du vinkade efter henne. Du och jag gick upp till lägenheten. Där stod din mor och drack ett glas vatten. Handen som höll i glaset darrade.

Under de år som följde levde vi som en liten familj och hade det ganska bra. Som du vet fick vi inga fler barn. En morgon några veckor senare berättade din mor att hon hade börjat blöda. Hon åkte in till sjukhuset och när hon kom hem på kvällen sa hon att det hade visat sig vara ett missfall. Det blev inga fler graviditeter.

Iris och jag talade aldrig om Hanna. Jag tänkte mycket på henne den första tiden, men som det ofta blir fortsätter man att leva sitt liv. Naturligtvis glömde jag henne aldrig och även sedan vi hade flyttat till villan i Älvsjö kunde jag påminnas om Hanna när jag till exempel gick ner i källaren och såg din lilla barnsäng. Bilden av Hanna sittande med dig i famnen väckte alltid starka känslor, men jag försökte att inte stanna kvar alltför länge i dessa tankar.

När jag återsåg Hanna hade det gått över sex år. Vi hade sålt företaget och tjänat ganska bra på affären. Jag hade stannat kvar som direktör medan din mamma hade börjat arbeta deltid på ett bokförlag. En septemberdag 1953 bestämde jag mig för att promenera hem tidigare än vanligt. Vädret var soligt och fint, så jag gick en omväg förbi din skola. Jag tittade efter dig när jag passerade, men det var tydligen lektion eftersom inga elever syntes till på skolgården.

På ängen bredvid skolan såg jag henne. Det var Hanna i en grön kappa och hon tittade tillbaka på mig.

Jag gick rakt över gatan och höll på att bli överkörd av en lastbil. När jag väl stod bredvid henne sa vi först ingenting. Hon hade knappt åldrats. Bara de tilltagande grå stänken i håret avslöjade att åren hade gått. Och hon var så smal, smalare än jag mindes henne. Jag kommer ihåg att jag tänkte: Vem är hon egentligen? Varför lever hon fortfarande i mitt sinne?

Hanna inledde förstås med en ursäkt: 'Förlåt mig. Jag fick bara för mig att jag skulle se hur Andreas hade det, så jag åkte hit.'

'Menar du att det är första gången du är här?'

Hon tittade förläget ner i marken innan hon svarade: 'Det är femte eller sjätte gången. Ibland ser jag honom, ibland inte.'

Ja, det stämmer, Andreas, hon hade tittat på dig när du var på skolgården. Från ängen bredvid skolan, ja."

Andreas hade plötsligt lutat sig framåt över bordet och ställt frågan, men nu såg Marcus att han åter sjönk bakåt mot stolsryggen med ett lite förvirrat uttryck i ansiktet. Han bestämde sig för att fortsätta:

"Jag frågade Hanna hur länge det här hade pågått och kände samtidigt att jag blev lite irriterad. Berodde det på att jag var en orolig far som månade om sin sons säkerhet? Nej, så var det inte. Trots allt litade jag på Hanna och visste att hon inte skulle vilja skada vår familj. Sanningen var nog att jag önskade att hon hade sökt upp mig istället.

'Inte länge', svarade Hanna, 'bara den senaste månaden. Innan dess hade jag inte sett honom sedan vi skildes åt utanför er port. Åh Marcus, han verkar vara en sådan underbar liten pojke. Ni kan verkligen skatta er lyckliga!'

'Men varför just nu?'

'Jag ska berätta, men inte här.' Hon tog mig familjärt under armen och vi gick till en stig som ledde mot den lilla skogstjärnen; vi hade övergett våra roller som barnsköterska och far i huset. Vi sa ingenting under promenaden men mitt medvetande var långt ifrån tyst: Varför har hon kommit hit? Vad vill hon? Kan jag ta henne i mina armar och kyssa henne? Nej, naturligtvis inte! Jag måste ta reda på vad hon vill.

Det var bara några minuters promenad till sjön och när vi såg den blanka vattenytan slog vi oss ner på en bänk. Hanna berättade kort om sitt liv. Hon arbetade som barnsköterska på en lekskola i en söderförort till Stockholm, där hon också bodde. 'Min lägenhet ligger mittemot lekskolan, så jag kan titta på mina barn genom fönstret om jag är ledig. I övrigt lever jag ett stillsamt liv, som en gammal pensionär', sa hon med ett litet skratt.

Så lade hon handen på min arm: 'Jag ska säga som det är, varför jag har velat se honom. Men först måste du berätta. Hur har Andreas det? Jag har undrat så.'

'Andreas går i andra klass och har blivit en riktig virrhjärna. Han är fortfarande en fin grabb, om än lite stökig.'

Hanna log. 'Jag tänker mycket på Andreas och är fortfarande fäst vid honom. Han är som en del av mig.' Hon vände snabbt bort ansiktet, men jag såg att leendet var försvunnet.

'Andreas var mycket fäst vid dig också, och jag är väldigt glad att träffa dig. Men nu måste du berätta varför du har velat se honom igen efter alla dessa år?'

Hon tvekade, som för att samla kraft, innan hon sa: 'Jag har varit väldigt trött de senaste månaderna och till slut gick jag till doktorn. Han skickade mig vidare till en specialist på Karolinska sjukhuset där de lade in mig och tog massor av prover. Nästa dag kom en vänlig doktor in till mig och satte sig ner på sängkanten. Han förklarade att jag har leukemi, en allvarlig sort.' Hon tystnade och jag väntade medan tankarna snurrade i huvudet på mig. Sedan sa hon dröjande: 'Kanske beror det på något jag fick i mig när jag arbetade på fabriken under kriget. Jag vet inte. Men det finns ingen terapi, inget att göra. Jag är döende och ville se Andreas innan det var för sent.'

Jag ska inte ens försöka beskriva mina känslor i det ögonblicket. På några få minuter hade jag insett att jag aldrig hade gett upp hoppet om att Hanna skulle ändra sig. Och nu skulle jag förlora henne.

'Men det är inte möjligt, Hanna. Det måste finnas något de kan göra. Det finns väl behandling?'

Hanna skakade stilla på huvudet. 'Nej, det finns ingen behandling. Det kan ta ett par månader, men sedan är det slut.' Hon lät samlad.

Jag tittade ut över sjön. Här brukar barn bada på somrarna, tänkte jag, skrikande barn som stänker vatten på varandra och simmar ikapp. Barn som med handdukarna svepta om sig äter sin medhavda matsäck. Nu sken höstsolen, men den lyckades inte skapa tillräckligt med värme för att locka till bad. Så gick mina tankar, istället för att tänka det outhärdliga men det gjorde inte så mycket. Jag saknade ändå de ord som behövdes för att säga något meningsfullt och jag måste ha sett oändligt tafatt ut där jag satt och rev sönder ett upplockat löv.

Det var Hanna som bröt tystnaden: 'Märkligt nog sörjer jag inte. Det finns helt enkelt inte många tårar kvar efter att jag förlorade Max. Jag har några vänner och så är det mina arbetskamrater. De kommer att sakna mig, det vet jag. Livet är en gåva, men när det är dags får vi lämna tillbaka den och vara tacksamma över den tid vi har fått. För trots allt som hänt mig är jag glad att jag har fått leva. Nu är det snart över. Kanske, kanske får jag återigen träffa min Max. Vem vet?' Hanna skrattade plötsligt till, ett litet torrt skratt.

Jag kunde inte låta bli att le mitt i allt elände.

'Du skrattar.'

'Ja, för i den här stunden är jag lycklig. Att få sitta här i solskenet och se dig misshandla det där stackars lövet. Man får glädja sig åt det lilla i livet.'

Jag tittade på det söndersmulade lövet i mina händer och sedan på Hannas leende ansikte. Jag lutade mig fram för att kyssa henne.

Hanna verkade först tveka, men i samma stund som mina läppar vidrörde hennes drog hon huvudet häftigt bakåt.

'Snälla Hanna', bad jag.

'Nej, det är fortfarande lika fel som det var då.'

I det ögonblicket förstod jag till fullo vad som höll på att ske. Jag kände en nästan obetvinglig lust att gråta, men höll emot, i vetskap om att det trots allt var Hanna som det var synd om. Jag stirrade rakt fram och tog några djupa andetag medan den värsta känslostormen drog förbi. Hanna förstod och lade sin hand på min axel medan jag samlade ihop mig. Efter en stund vände jag mig mot henne.

'Vad gör vi nu?'

'Ingenting. Jag ville se Andreas och det har jag fått göra. Och jag har fått träffa dig. Kanske var det inte rätt mot er, men ibland måste vi tillåta oss själva att vara egoistiska. Nu ska du leva ditt långa liv så rikt och fullt du kan och jag ska leva mitt lite kortare liv på samma sätt.'

'Men jag måste få träffa dig igen.'

'Det går inte. Sjukdomen kommer att göra mig allt

svagare. Jag vill bli ihågkommen så här.' Hon sa det med övertygelse och som för att understryka detta reste hon sig upp.

'Jag är glad att vi möttes. Det är jag. Men nu måste vi skiljas åt. Det finns inga alternativ, har aldrig funnits. Du ska gå hem till dina barn, till din familj.'

Först förstod jag inte vad hon menade. Sedan gick det upp för mig att din mor måste ha sagt till Hanna att hon var gravid. Så jag berättade om missfallet.

Hanna stod alldeles tyst, men jag såg i hennes ögon att hon hade förstått något som jag hittills inte hade begripit. Insikten var plötslig, men jag tvivlade inte på att den var sann. Din mor hade aldrig varit gravid och hade följaktligen inte heller fått något missfall.

Jag reste mig och vi gick i tystnad tillbaka till busskuren mittemot skolan. Där kramade Hanna om mig och sa att jag skulle ta väl hand om dig. Sedan kom bussen och hon klev på. Jag stod en lång stund och tittade efter bussen innan jag vände mig om och började vandra hemåt.

I tre dagar grubblade jag. Sedan satte jag mig i bilen och körde till förorten där jag visste att Hanna bodde och arbetade. På den tredje lekskolan jag besökte fick jag napp. Hanna arbetade där, berättade en av hennes kollegor, men hon var sjukskriven sedan några veckor och de visste inte när hon skulle komma tillbaka. Hon sa: 'Hoppas att hon gör det snart. Vi saknar henne så, för att inte tala om barnen. De älskar henne över allt på jorden. Hon är en människa gjord av kärlek. Visst är det märkligt, efter allt hon har gått igenom.'

Jag tackade för hjälpen och gick ut på gatan. Jag mindes att Hanna sagt att hon kunde se lekskolan från sitt fönster. Mittemot låg två stora bostadshus och i det ena fann jag Hannas namn på skylten som satt innanför porten. Jag gick upp till fjärde våningen och ringde på dörren. Hanna såg förvånad ut när hon öppnade. Men hon klev åt sidan och släppte in mig. Hennes lilla lägenhet bestod av två rum och en kokvrå. Vardagsrummet var sparsamt möblerat men såg ändå varmt och inbjudande ut. En radio stod mot den ena väggen. Framför en sliten soffa stod ett brunt soffbord med en fruktskål med äpplen. Bredvid låg en uppslagen bok och jag såg att det var Pär Lagerkvists *Dvärgen*.

’Den handlar om den renodlade ondskan’, sa Hanna som smugit upp bakom mig.

’Jag vet. Är det inte ett underligt bokval med tanke på de människor du mötte under kriget?’

’Tvärtom. Det är trösterikt att läsa om ondska och veta att de allra flesta människor har mycket gott inom sig. Men visst är det sant, att vi alla har såväl det goda som det onda inom oss. Att det slutligen är ett beslut som vi måste fatta alldeles själva.’

Jag tittade in i det minimala sovrummet som bara rymde en smal säng och ett nattduksbord. På sängen låg ett vitt, mönstrat överkast.

’Ska du inte ta av dig rocken och sitta ner?’

Medan Hanna bar ut rocken i hallen flyttade jag på kuddarna i soffhörnet och slog mig ner.

’Vill du ha te?’ undrade Hanna när hon kom tillbaka.

’Nej, tack, det är bra. Jag kom hit för att vi måste tala med varandra.’

Hanna satte sig i det andra soffhörnet. Mellan oss låg högen av kuddar, som ett skydd mot, ja, vadå? Jag tittade på henne. Hon hade på sig en enkel klänning och på fötterna satt ett par bruna herrtofflor. Var hon blekare än för några dagar sedan? Jag kunde inte avgöra det.

'Jag kan inte låta dig dö ensam, Hanna. Jag kommer att stanna med dig till slutet. Inget du säger kan få mig att ändra uppfattning. Om du vill att jag ska bo här gör jag det. Om du inte vill det, ordnar jag ett boende och kommer hit varje dag. Om du då inte släpper in mig kommer jag att vänta utanför din port hela dagen. Och jag kommer att komma tillbaka nästa dag, och nästa om det behövs.'

Hanna rörde inte en min medan jag talade och när jag slutat lade sig tystnaden mellan oss. Jag tittade ut genom fönstret och undrade hur kallt det skulle bli på bänken utanför porten när vintern närmade sig. Eftersom jag visste hur envis Hanna kunde vara när hon satte den sidan till var det inte orimligt att jag skulle se ut som en snögubbe framåt december, om Hanna nu levde så länge.

Jag väcktes ur mina funderingar när Hanna ställde sig upp. Hon gick ut i hallen, hämtade min rock och lade den i mitt knä.

'Var snäll och gå nu', sa hon. 'Oroa dig inte för mig. Jag har vänner som bryr sig om mig och jag vill inte dö med vetskapen om att jag splittrat er familj.'

Jag lyfte upp rocken och lade den bredvid mig i soffan.

'Du förstår inte, Hanna. Om jag inte får göra det här för dig, kommer tanken på att jag har svikit dig att förfölja mig resten av mitt liv.'

Till min förvåning log plötsligt Hanna. 'Och du menar att eftersom ditt liv kommer att vara längre än mitt, blir ditt lidande större?' Hon skakade på huvudet och leendet slocknade. 'Så enkelt är det inte. Lidande kan inte enbart mätas i tid.'

'Jag gör inte det här för att slippa lida. Jag gör det för att det känns rätt.'

Hanna sjönk ner i soffan och gömde ansiktet i händerna. Sedan såg hon upp på mig och sa med eftertryck: 'När det kommer till omoraliska handlingar har vi inga rättigheter.'

'Det är sant, men vad jag än skulle göra i den här situationen skulle det vara omoraliskt.'

Hanna skakade irriterat på huvudet och tittade på klockan. 'Du måste gå nu, Marcus', sa hon bestämt. 'När som helst kommer min bankman för att hjälpa mig med ekonomin. Det är viktigt att ha sina papper i ordning när man ska dö.' Hon log lätt igen, men leendet nådde aldrig ögonen.

Jag sa att jag skulle komma tillbaka, reste mig upp och satte på mig rocken medan jag gick ut i hallen. I samma stund ringde det på dörren och Hanna sa: 'Min bankman. Alltid lika punktlig.' Hon öppnade dörren och jag hälsade kort på den välklädde mannen med portfölj innan jag gick nedför trapporna och ut på gatan. Hon var rationell, Hanna – tänkte alltid på att lösa de praktiska problemen.

Är du törstig? Vänta så ska du få ett glas vatten, Andreas. Det är lite rostfärgat, men går alldeles utmärkt att dricka."

Sonen drack upp vattnet i ett enda drag och torkade sig om munnen med den smutsiga tröjärmen. Sedan satte han ner glaset med en smäll och tittade sig omkring i rummet som om det var första gången han såg det. En våg av värme drog igenom Marcus bröst. Känslan var så stark att han för ett ögonblick tappade andan. Men han samlade sig snabbt och fortsatte att berätta:

”Jag satt länge i bilen utanför vårt hus. Beslutet var fattat, men jag visste inte hur jag skulle framföra det på ett skonsamt sätt. Utan att ha funnit något svar gick jag in och vi åt middag tillsammans, som om ingenting hade hänt. Jag minns att du var ovanligt uppspelt, vilket jag efteråt har tolkat som att du kände på dig att något inte var som det skulle. Efter middagen lekte du och jag med ditt Märklintåg och sedan ville du som vanligt att jag skulle läsa en saga. När du hade somnat gick jag in till Iris som satt i vardagsrummet och läste en veckotidning med radion på. Ur den hördes en pianokonsert av Frédéric Chopin. Jag stängde av radion och sa till henne att jag hade något att berätta. Förvånat tittade hon upp och lade ifrån sig tidningen.

Det var lika bra att gå rakt på sak så jag fortsatte: ’Jag har träffat Hanna. Hon är svårt sjuk. Jag har bestämt mig för att ta hand om henne den korta tid hon har kvar.’

Iris tittade på mig med oberörd min – jag antog att det jag sagt inte sjönk in omedelbart. Efter en stund log hon och sa: ’Jaha, och på vilket sätt hade du tänkt ta hand om henne?’

Jag satte mig ner i fåtöljen och berättade i korthet om mina möten med Hanna och om hennes sjukdom. Jag sa inget om att jag hade mött henne utanför din skola.

’Om jag har förstått det hela rätt’, sa Iris, ’har hon alltså sagt att hon är sjuk för att locka dig tillbaka i sin famn. Och du är så jävla dum att du faller för det urgamla knepet.’

Hon tycktes bli allt argare, och provocerad svarade jag: ’Ska du tala om knep, som lurade mig att tro att du var gravid för att jag skulle stanna hos dig.’

Först verkade hon bli en smula överrumplad, men hon

fann sig snart: 'Försök inte byta samtalsämne. Du kan lika gärna säga som det är – ni har träffats i hemlighet i alla år!'

'Nej, det har vi inte. Men jag har aldrig slutat tänka på henne', lade jag till helt i onödan.

Snabbt var Iris på fötter och kom emot mig med armarna vevande. Den första örfilen följdes av en skur av slag med knutna nävar. Jag fick kämpa för att ta mig upp ur fåtöljen och ta tag i hennes armar. Din mors vrede hade gjort henne stark och jag var tvungen att uppbåda alla mina krafter för att hålla fast henne.

'Aj aj, du gör mig illa', skrek hon. 'Ska du misshandla mig också?' Jag släppte omedelbart greppet och hon föll gråtande ihop på mattan. Men när jag försökte ta i henne fick hon ny styrka och skrek: 'Gå du till din förbannade polska judehora. Jag tror inte ett ögonblick på att hon är sjuk!' Hon drog efter andan innan hon fortsatte: 'Det är ju vad du har velat göra hela tiden. Men tro inte att du någonsin får träffa Andreas mer!' Hon hade kämpat sig upp till sittande ställning och reste sig nu med stöd av soffbordet.

'Vad gör du med mamma?' Din röst fick oss att stelna till. Du stod i dörren till vardagsrummet med håret på ända och ett förskräckt uttryck i ansiktet. Din mamma, som vanligen var en sansad person, gick emot dig och sa med mild röst: 'Oroa dig inte, Andreas. Din pappa ska lämna oss, men vi klarar oss ju bra utan honom.' Hon tog din hand. 'Kom nu så ska jag stoppa om dig.'

Ja, Andreas, jag förstår att det var den värsta kvällen i ditt liv trots allt som du har varit med om. Jag inser också att du skyller det som hände på mig. Och det enda jag kan göra är att be om ursäkt.

Kanske hjälper det att veta att det var hemskt för mig också. När Iris lämnade rummet för att natta dig sjönk jag ner i soffan, full av ånger och förvirrade tankar. Där satt jag fortfarande när hon kom tillbaka tjugo minuter senare. På vägen hade hon hämtat en resväska i vårt sovrum som hon slängde på golvet. 'Ingen idé att dra ut på det. Packa och åk. Och kom aldrig tillbaka!'

Jag försökte tala med henne, men inga argument hjälpte. När jag förklarade att Hanna inte skulle leva länge och att jag sedan kunde återvända till er trodde jag att din mor skulle flyga på mig igen, så arg blev hon. Rösten förvandlades till en viskning när hon sa: 'Vi skulle aldrig ha släppt in den där kvinnan i vårt hem. I alla år har jag väntat och hoppats att du ska få tillbaka dina känslor för mig, men förgäves. I ditt huvud finns bara hon. Det är lika bra att vi avslutar det här sorgliga äktenskapet för gott.'

Tidigt på morgonen lämnade jag huset med väskan packad. Många onödiga skymfer hade yttrats, från båda håll. På några få timmar hade vi med gemensamma krafter krossat det som återstod av vårt äktenskap.

Jag sov på kontoret ett par nätter för att få perspektiv på det som hade hänt och förklarade sedan för mina arbetskamrater att jag skulle vara borta på obestämd tid för att ta hand om en sjuk släkting och gav dem instruktioner om hur mina ansvarsområden skulle fördelas. Ägarna hörde naturligtvis av sig och undrade om jag insåg att detta var ett avtalsbrott, men när jag hade förklarat vilken sjukdom min släkting led av gav de med sig. De skulle inte stämma mig, men lät mig förstå att jag inte kunde räkna med att få behålla mitt jobb om och när jag kom tillbaka. Sedan åkte jag till Hanna. När hon öppnade dörren och såg mig med resväskan i handen verkade hon inte förvånad.

Jag ska inte gå in på detaljer, men den tid som följde var svår samtidigt som den innehöll stunder av harmoni. Tvärtemot vad din mor tror hade Hanna och jag aldrig en fysisk relation. Från första stund gjorde Hanna klart för mig att hon endast erbjöd mig en plats att sova på, hennes soffa, tills jag kunde flytta hem igen. Så blev det nu inte och jag stannade hos henne till slutet.

Hanna blev allt sämre. Hon behandlades med blodtransfusioner när blodvärdena sjönk, och hon fick penicillin och sulfa mot infektionerna. Däremellan hade hon riktigt bra perioder och ibland hängav vi oss åt fantasier om att hon på ett mirakulöst sätt skulle tillfriskna.

Under denna tid sågs du och jag inte alls. Din mor ordnade med alla papper för skilsmässan och medan vi väntade på att den skulle gå igenom vägrade hon att låta mig träffa dig. Jag orkade inte bråka och försökte att tänka på dig så lite som möjligt men utan att någonsin lyckas helt.

Hanna levde i fyra månader, vilket orsakade viss förvåning hos hennes läkare. Jag tror att hon kom att uppskatta mitt sällskap alltmer. Jag gjorde vad jag kunde för henne, men höll mig också undan ibland, så att hon fick vara ifred. Hon lärde mig ett kortspel, burraco, som vi kunde spela i timmar utan att tröttna. Om hon kände sig stark kunde vi ta kortare promenader. Annars satt vi hemma, läste och samtalade.

Till sist blev det uppenbart att Hanna hade svårt att klara sig hemma, trots min omvårdnad. Hon hade feber och värk och behövde sjukhusvård. Utan sentimentalitet lämnade hon lägenheten för sista gången. Hon sa att jag gärna fick bo kvar tills jag fann något bättre.

Sedan gick det snabbt utför. Under vårt sista samtal på sjukhuset sa Hanna till mig att jag aldrig fick ge upp hoppet om dig. 'Andreas kommer alltid att vara din son, vare sig ni ses eller inte. Glöm aldrig det. Och du får inte sluta att försöka, hur mycket motstånd du än möter. Jag kan inte förlåta mig själv för att jag har splittrat er familj. Det är en stor skuld att bära.'

Jag lovade att fortsätta försöka och Hanna, som var omtöcknad av det morfin hon fick mot skelettsmärtorna, började långsamt nynna 'gotto wava kurka, gotto wava' samtidigt som hon lekte med mina fingrar. Hon talade om Max, men efter en stund bytte hon ut hans namn mot ditt. Hanna somnade med min hand i sin.

Hon återfick aldrig medvetandet och dog stilla på morgonen dagen därpå. Eftersom det judiska begravningssällskapet inte kunde komma och hämta henne förrän senare på dagen lät personalen mig sitta ensam med henne i flera timmar. Jag minns att jag gång på gång upprepade de ord som hennes kollega på lekskolan hade yttrat: 'Hon är en människa gjord av kärlek.' Mina tårar hade sinat för länge sedan.

Till hennes begravning kom några få vänner, hela lekskolepersonalen och många av föräldrarna till de barn hon hade visat sådan omsorg. När det hela var över insåg jag att det var dags att ta itu med mitt liv. Fyra månaders frånvaro hade lett till att min anställning hade upphört och jag var inte längre välkommen tillbaka till företaget. Mer eller mindre av en slump fick jag arbete i fotoaffären som ligger under den här lägenheten. Efter en tid köpte jag den och flyttade hit. Mannen som du träffade i dörren arbetar deltid i affären och hjälper mig med fotografering och framkallning. I övrigt sköter jag allt själv.

Efter Hannas död upptäckte jag att mina vänner hade försvunnit. De hade alla tagit parti för din mor och jag ville inte börja intrigera mot henne och försöka vinna dem tillbaka. Det innebar att jag lät mig dömas ohörd, vilket kan te sig underligt, men det kändes naturligt då och gör det fortfarande. Jag hade kontakt med Hannas vänner under något år, men utan det kitt som Hanna utgjort gled vi alltmer isär. Därefter har jag varit ensam, inga kvinnor och egentligen inga vänner. Jag har helt enkelt avstått och nöjt mig med mitt arbete. Det finns nog de som skulle säga att jag straffar mig själv, men jag vet verkligen inte om det stämmer.

Jag känner mig inte som en skurk, men inte heller som en hjälte. För första gången i mitt liv gjorde jag ett val av skäl som inte var egoistiska. Tro inte att jag är kallsinnig till att andra fick lida. Tvärtom, jag har aldrig slutat klandra mig för det som skedde med vår familj. Jag insåg ju inte vilka konsekvenser mitt beslut skulle få. Jag försökte och försökte. Att ha en fungerande relation med din mor visade sig vara omöjligt. Hon vägrade att kommunicera med mig på annat sätt än per brev och lade konsekvent på luren när jag ringde till henne. De första veckorna sedan jag lämnat er var jag förbittrad på henne för att hon vägrade samarbeta, men Hanna fick mig efter en tid på andra tankar. Hon sa att jag måste förstå hur Iris såg det hela. Jag hade faktiskt valt bort henne för en annan kvinna. Sedan dess har jag inte varit bitter, bara oändligt sorgsen över att det gick så fel.

Jag försökte vid upprepade tillfällen träffa dig, men din mamma ville inte och de få gånger jag lyckades övertala henne vägrade du att följa med när jag skulle hämta dig.

Du sa att du hatade mig för att jag hade slagit din mor och sedan lämnat er. Det spelade ingen roll hur mycket jag än bemödade mig om att förklara. Hennes version förblev 'sanningen'.

Till slut kände jag att hela situationen höll på att slita mig i stycken och jag tvingade mig själv att ta ett kliv tillbaka och lämna er ifred. Men aldrig under dessa tio år har jag gett upp hoppet. Och jag är oändligt tacksam att du kom hit och för att du har lyssnat."

Marcus lutade sig tillbaka på köksstolen och drog efter andan. Det kändes som om han hade sprungit ett maratonlopp. På andra sidan bordet tittade Andreas på väckarklockan som stod bredvid bäddsoffan och när Marcus sneglade mot den såg han att nästan två timmar hade passerat.

När Andreas reste sig och sa att han behövde sträcka på benen, nickade Marcus kort. Han blev lite förvånad när sonen gick nedför trappan mot butiken men tänkte att han kanske ville ta en nypa luft.

Hade han nått fram till Andreas? Han visste inte. Sonens beteende var så annorlunda jämfört med allt han var van vid. Men trots allt hade Andreas faktiskt lyssnat. Kanske var detta början till något nytt.

Han hörde ljudet när Andreas vred om nyckeln som satt i ytterdörren och öppnade. Först tänkte han att hans antagande hade varit riktigt, sedan hördes röster från våningen under. Inte hade väl Andreas släppt in kunder så här sent på kvällen? De snabba stegen i trappan fick honom att förvånat resa sig upp, men inte förrän de två okända männen kom in i rummet insåg han vad som höll på att hända.

IRIS

1968

”Jag trodde att alla präster var stela och omänskliga och då kan du bara tänka dig hur jag föreställde mig fängelsepräster. Men du har alltid varit en riktig medmänniska. Du anar inte vad det har betytt för mig. På något sätt har du personifierat det bästa hos kristendomen, det som jag tidigare inte har sett för alla tråkiga gudstjänster och meningslösa ritualer. Du har hjälpt mig att återfå min tro, den har stärkt mig under dessa år och jag vet att den alltid kommer att vara med mig. Den är en av flera anledningar till att jag känner tacksamhet över min tid här.

Fyra år har försvunnit, plötsligt har det blivit 1968 och jag kommer att mötas av ett nytt samhälle. Men jag klagar inte. Det finns bara en sak som jag beklagar, men det gör jag å andra sidan av hela mitt hjärta. Att inte få vara med min son Andreas har varit svårt, nästintill outhärdligt.

Visst är det märkligt att jag skulle behöva hamna på Hinseberg för att förstå vad som är viktigt i livet. Allt handlar i grunden om vår nästa – om att leva i kärlek, detta underbara ord.

Det finns en oerhört stark gemenskap på anstalten som

personalen kanske inte är fullt medveten om. Oavsett hur vi har hamnat här binds vi samman av vårt gemensamma öde. Omständigheter, ibland utom vår kontroll, har gjort oss till olyckssystrar och för många av dem känner jag just kärlek.

Jag är en av få dråpare här på fängelset. Som du vet hamnar de flesta här på grund av mindre brott, som bedrägeri, stöld eller lösdriveri. Ja, jag vet att många av lösdrivarna egentligen har varit prostituerade, men det känns ändå som ett underligt samhälle som straffar utsatta kvinnor så hårt.

Även om mycket har varit svårt här har jag upplevt stunder av ren lycka, något som jag saknat under stora delar av mitt liv. Jag kan inte låta bli att berätta för dig om ett sådant tillfälle, eftersom jag vet att du har tystnadsplikt.

Du minns säkert när Ingrid rymde. Alla fångar på avdelningen visste att det skulle ske och när hon hoppade ut genom fönstret i bastun gjorde vi vårt bästa för att dölja det för vaktpersonalen. Vi stojade, skrek och bar oss åt så att vakterna inte märkte att vi bara var nio fångar som återvände från bastun. Det dröjde säkert tjugo minuter innan de lyckades räkna oss och då hade Ingrid redan klättrat över stängslet och farit iväg med den bil som väntade på henne. Jag vet att personalen var förbannad, men för oss var det en enormt stark upplevelse av gemenskap. Vi hörde ihop och Ingrids öde angick oss alla. När jag låstes in i min cell på kvällen fylldes jag av en känsla som inte kan beskrivas på annat sätt än just lycka.

Jag blev inte förvånad när jag dömdes till sex års straffarbete – det var vad min advokat sa var det mest sannolika. För dråp fanns det en särskild regel, som jag fortfarande kan citera ur minnet: 'Var gärningsmannen, utan egen skuld, genom svår förolämpning eller synnerlig misshandel, av den dräpte till vrede retad, eller är omständigheterna synnerligen mildrande, då må tiden för straffarbete nedsättas till sex år.' Det var lyckosamt för mig att den regeln fanns och att jag hade ordnat så att dådet sett ut att vara utfört i plötslig vrede.

Jag ställde in mig på att uppföra mig väl och bli villkorligt frigiven efter två tredjedelar av strafftiden och ville inte – trots min advokats övertalningsförsök – förlänga processen genom att överklaga. Jag ville inte att man skulle gräva ytterligare i fallet och förklaringen är enkel – jag är oskyldig till min före detta mans död.

Du ser oberörd ut. Många kommer säkert till dig och försäkrar att de är oskyldiga, det är jag övertygad om, men tänk på att jag inte har något intresse av att ljuga om min oskuld nu när jag har avtjänat mitt straff. Och visst är jag skyldig, men till något helt annat än det jag är dömd för.

Det känns nästan som om jag borde be dig om ursäkt för att jag trots alla våra samtal, som jag är oändligt tacksam för, aldrig har berättat vad som gjorde att jag hamnade här. Jag har burit mycket inom mig och ibland har bördan känts tung, men jag har ändå hållit allt för mig själv.

Jag skulle vilja berätta min historia för dig. Det är för min egen skull, jag känner ett behov av att tala om det som har hänt med någon som inte är inblandad och som har tystnadsplikt. Mina olyckssystrar har skojat om att prästen är den ende man vi har tillfälle att träffa på tu man hand. Du anses väl vara för helig för att begå övertramp.

Hur sannolikt var det att jag skulle hamna i fängelse? Kanske föds vi alla som tänkbara brottslingar, vem vet? Men jag hör nog ändå till kategorin osannolika fängelsekunder med tanke på min bakgrund. Jag ska beskriva den så att du kan föreställa dig vilka märkliga händelser som ledde till att jag hamnade här på Hinseberg.

Jag växte upp utanför Strängnäs, men familjen flyttade till Stockholm när jag var i tioårsåldern. Pappa hade fått ett fint jobb på Philips och vi bosatte oss på Gärdet där vi hyrde en rymlig fyrarumslägenhet. Jag och min storasyster Madeleine trivdes bra i Stockholm. Vi gick i fina skolor på Östermalm och fick snabbt vänner.

Jag träffade Marcus för första gången på min bästa väninnas studentskiva. Med sitt mörka hår och svart kavaj var han så stilig. En liten fånig mustasch hade han också på den tiden, men den försvann snabbt, det såg jag till.

Marcus hade redan studerat ekonomi ett år på högskola och hans studentmössa var sliten, vilket imponerade på mig. Han skojade lite om att studentförhören var en västanfläkt mot hur det var att läsa på högskolan. Marcus tedde sig mogen och världsvan och när han frågade om jag kunde tänka mig att äta lunch på Grand Hotell i Saltsjöbaden nästa söndag höll jag på att svimma av hänförelse. Det var ju sådant vuxna gjorde! Ja, jag var lättimponerad på den tiden.

Marcus hämtade upp mig med sina föräldrars bil och på vägen ut till Saltsjöbaden underhöll han mig med att recitera dikter ur minnet av sin favoritförfattare, Edith Södergran. Jag minns fortfarande en strof: 'Livet är att handskas vårdslöst med sin egen lycka och att stöta bort det enda ögonblicket, livet är att tro sig vara svag och icke våga.'

Väl där var det uppenbart att han kände stora delar av personalen, som glatt hälsade på honom. 'Jag har ätit söndagsmiddag här med mina föräldrar många gånger', förklarade han för mig. 'När jag tänker efter är det faktiskt första gången jag är här utan dem.'

Vi talade om varandras bakgrund och konstaterade hur olika de var. Marcus var enda barnet och hans föräldrar hade fått honom när de var över fyrtio, flera år efter att de hade slutat försöka. 'Jag var ett ytterst bortskämt barn', skrattade han. 'Ibland känns det som om mina föräldrar har levt för mig.'

Även om jag uppfattade Marcus som en ganska, ja, vad ska jag säga, kontrollerad person, blev jag charmerad av hans vänlighet och av att han var så uppenbart förtjust i mig, vilket han inte försökte dölja. Vi började träffas regelbundet och efter någon månad blev vi ett par.

Under sommaren följde jag flera gånger med Marcus till hans föräldrars sommarhus på Älgö. Jag tyckte väldigt mycket om såväl Egon som Karin, och de var genuint hjärtliga mot mig. När jag för hundrade gången tackade dem för deras omsorger, skrattade Egon och sa att det nog var hans judiska arv som spökade och så berättade han om judiska mödrar som gjorde allt för sina barn och lite till. 'Och om Marcus är lycklig är jag och Karin lyckliga.'

Nyåret 1935 förlovade vi oss. Jag hade hunnit påbörja en ettårig sekreterarutbildning på Bar-Lock-institutet och vi planerade att gifta oss när Marcus hade avslutat sina studier. Tanken var att han skulle ta över Egons företag då. Själv skulle Egon gå i pension. Nu blev det inte så. Egon hade haft en hjärtinfarkt året innan och hade av läkarna fått instruktioner om att ta det lugnt, någonting som han skrattade bort. Karin fann honom en morgon liggande på köksgolvet. När ambulansen kom kunde de bara konstatera att det inte fanns något att göra. Karins demens, som vi tidigare bara hade anat, slog ut i full blom efter Egons död och inom två år befann hon sig på ett vårdhem och kom knappt ihåg vilka vi var. Jag är glad att hon hann vara med på vårt bröllop innan hon försvann in i dimmorna.

Att familjen hade judiskt påbrå var egentligen inte viktigt för Marcus. Egons far, som var jude, hade gift sig med en kristen kvinna vars familj hade varit bönder i Värmland och även Karin var kristen. 'Men i Tyskland har man väl en annan syn på vem jag är', konstaterade Marcus torrt när frågan kom på tal. Mina föräldrar uttryckte också oro över att Marcus var, som de sa, kvartsjude. Inte för att de hade fördomar mot judar, men de oroade sig för situationen i Europa. Denna oro ökade naturligtvis när kriget bröt ut och blev allt större när kunskapen om vad som hände i koncentrationslägren började nå Sverige.

Naturligtvis var jag också lite orolig för vad som skulle hända med Marcus och mig om Tyskland ockuperade Sverige, men min kärlek var stark och jag kom fram till att jag ändå inte ville leva om han dödades. Så jag höll fast vid honom och älskade honom lika djupt som jag sedan kom att hata honom.

Andreas föddes i slutet av april 1945. Jag har alltid sagt att han var ett fredsbarn, eftersom han kom med freden. Det finns även en historia om hans ankomst till världen, men den behåller jag gärna för mig själv. Hursomhelst – när vi fick honom var Marcus och min lycka fullständig och så trodde jag att det skulle förbli. I och för sig blev jag snabbt rastlös av att gå hemma med ett litet barn och eftersom arbetsbelastningen på företaget ökade bestämde vi oss efter ett halvår för att anställa en barnflicka, så att jag skulle kunna återvända dit. Många problem hade kunnat undvikas om jag istället följt normen och blivit hemmafru. Men vad tjänar det till att vara efterklok.

Problemen startade drygt ett år efter krigsslutet, när Hanna började arbeta hos oss. Hanna var judinna och hade överlevt Förintelsen. Jag var först tveksam eftersom hon visade sig vara inåtvänd och tystlåten, ja, nästan lite mystisk, men Andreas tydde sig genast till henne, vilket övertygade mig. Naturligtvis föredrog han mig framför henne, men eftersom vi arbetade långa dagar på företaget var hon den som träffade Andreas mest. Jag kände mig trygg med att lämna honom hos henne och det vägde tyngre än mina egna känslor av osäkerhet och främlingskap inför Hanna.

Vi talade inte så mycket med varandra, hon och jag. Vi var nog båda lite blyga. Hon berättade ogärna om sitt nuvarande och tidigare liv så våra samtal kom mest att handla om Andreas. Att han var en underbar liten pojke var vi slående överens om.

Sedan gick det som det gör i dåliga romaner. Det blev alltmer tydligt att Marcus och Hanna hade en relation. Insikten var så hemsk att jag länge förträngde den, till och med när jag såg de förstulna blickarna. Efter en tid var det så uppenbart att en blind råtta hade förstått och när jag talade med Madeleine sa hon att jag inte hade något val – jag måste konfrontera Marcus. Jag tvekade några dagar till, men situationen kändes ohållbar. Under en promenad tog jag upp det med Marcus och han erkände utan omsvep. När jag tvingade honom att välja mellan henne och mig var han emellertid tydlig: han sa sig älska mig och ingen annan. Hanna var bara en oskyldig flirt, eller så uttryckte han det i alla fall. Han bad mig tala med Hanna – själv förmådde han inte.

Jag gick upp till lägenheten och träffade naturligtvis på Hanna i köket, där hon vanligen höll till, denna gång symboliskt nog i färd med att stryka Marcus skjortor. Jag tog inte ens av mig kappan innan jag upplyste henne om att hon måste sluta hos oss. Hon stirrade förvånat på mig tills jag förklarade att hennes uppgift hade varit att ta hand om mitt barn, inte min man. Hon förstod naturligtvis, men förnekade att de hade gjort något otillbörligt. 'Ingenting har hänt', sa hon med sin förskräckliga polska brytning.

'Jag vet inte exakt vad ni två har haft för er och det bryr jag mig heller inte om', sa jag. 'Det som intresserar mig är att du försöker stjäla min man framför näsan på mig.'

Hon stod tyst framför mig, som en liten fågelskrämma. Jag berättade att jag hade tvingat Marcus att välja och att han hade valt mig. Hon gav mig en konstig blick och sa: 'Jag är tacksam att ni har gett mig den här möjligheten att arbeta hos er och inser att jag har missbrukat ert förtroende. Jag ska plocka ihop mina saker.' Hon drog ut sladden till strykjärnet och gick in till sig. När hon stängt dörren drabbades jag för ett ögonblick av skuldkänslor. Jag visste hur mycket Andreas betydde för Hanna och förstod att det var en förlust som hon skulle ha svårt att bära. Men samtidigt kunde hon inte stanna och hon hade bara sig själv att skylla. Så jag slog ifrån mig denna absurda känsla av svek. Varifrån den kom kan jag fortfarande inte svara på.

När hon kom ut från sitt rum med väskan packad stod jag beredd med pengar, hennes sista lön. Jag lade med tjugo kronor extra, men när Hanna hade räknat igenom pengarna räckte hon tillbaka de två tiorna och sa: 'Köp något fint till Andreas för pengarna. Låt det bli min avskedsgåva till honom.' Hanna tog på sig sin tunna kappa och öppnade ytterdörren. Hon verkade tveka, som om hon ville säga något mer, men klev sedan ut genom dörren, stängde den efter sig och försvann ur våra liv, eller så tänkte jag i alla fall då.

För pengarna köpte jag en liten speldosa i pärlemor i en antikvitetsaffär. När man vred upp den och öppnade locket spelades en entonig melodi. Jag tänkte att Andreas hellre ville ha en trampbil, och det var nog därför jag köpte den gamla dosan. Han skulle inte få något han uppskattade från Hanna. Men han kunde lyssna till den i timmar, vrida upp mekanismen, lyfta på locket och lyssna igen och igen.

När Hanna slutat hos oss trodde jag att våra problem var över. Det hände att jag kom på Marcus med att sitta och stirra rakt ut i luften, men jag hade ju faktiskt ingen aning om vad som rörde sig i hans huvud – det kunde vara fantasin som skenade iväg med mig. I stort sett återgick Marcus och jag till vårt liv tillsammans, men om jag ska vara ärlig blev historien med Hanna ändå en brytpunkt. Ingenting blev sig riktigt likt efteråt.

Jag tror att det som hände med Hanna blev väldigt stort i Marcus medvetande. Varken han eller jag hade varit förälskade i någon annan innan vi möttes och fysiskt var vi oerfarna. Men vi talade inte mer om Hanna efter att hon slutat hos oss. Och med åren tänkte jag allt mindre på det som hänt.

Det som skedde sex år senare, på hösten 1953 tror jag

det var, kom därför som en fullständig överraskning för mig. Plötsligt dök Hanna upp och slog åter klorna i Marcus och hon gjorde det med en historia om att hon var döende och att hon bara ville se honom en sista gång innan hennes tid var ute. Då begick Marcus sitt stora misstag. Istället för att inse att man inte kan rädda hela världen och istället för att värna om sin familj bad han Hanna ge honom lite tid. Tydligen lovade hon att vänta.

Marcus gick inte till verket omedelbart. Först anlitade han en advokat. Tydligen hamnade han hos en klåpare som bara var ute efter att tjäna pengar. En riktig suput som menade att Marcus, med hans bistånd, skulle ha goda möjligheter att få vårdnaden om Andreas.

Med detta besked i bakfickan berättade Marcus allt för mig. Sent en kväll kom han in i vardagsrummet, stängde av radion och sa: 'Jag har träffat Hanna igen. Hon är svårt sjuk och kommer inte att leva länge till. Jag vill ta hand om henne.'

Det var så osannolikt att jag först trodde att han drev med mig. Jag skrattade till och sa något i stil med: 'Jaha, och på vilket sätt hade du tänkt ta hand om henne?'

'På alla sätt som krävs.'

Långsamt började jag förstå att han menade allvar, men jag var fortfarande inte särskilt upprörd utan sa: 'Så nu drar hon sig inte ens för att hota med döden för att få dig tillbaka.' Marcus blev irriterad och menade att det knappast var Hannas fel att hon hade blivit sjuk. 'Hon behöver omvårdnad och jag kan ge henne den', fortsatte han.

Det är inte så konstigt att jag till sist förlorade behärskningen. Han hade uppenbarligen aldrig slutat tänka på den där kvinnan. Sedan den dag hon steg över tröskeln, med det gulliga svartlockiga håret på ända och sin inåtvända blick, var min attraktionskraft som bortblåst. Vi fortsatte att dela säng, Marcus och jag, men knappast på ett sätt som man bör göra i ett äktenskap.

Den misstanke jag länge hyst men aldrig uttalat kunde jag plötsligt inte längre hålla inne med: 'Du kan lika gärna säga som det är – ni har träffats i hemlighet alla dessa år!'

Marcus förnekade detta, men kunde inte låta bli att med ett elakt leende tillägga att han fortfarande älskade henne. Jag reste mig upp och vi stod och stirrade på varandra som två stridstuppar. Sedan vet jag inte exakt vad som hände, men på något sätt började vi slåss. Jag hade naturligtvis inte en chans. Marcus kopplade ett polisgrepp på mig och jag vrålade rakt ut av smärta. Han släppte mig och vi fortsatte skrika åt varandra. Mitt i detta tumult upptäckte vi plötsligt att vår son stod i rummet. Jag visste inte hur mycket han hade sett och hört, men Andreas måste ha uppfattat att hans pappa misshandlade mig.

När jag satt på sängkanten och lugnande strök hans hår frågade Andreas om pappa inte ville bo med oss längre. Jag tvekade men sa sedan att hans pappa hade bestämt sig för att lämna oss, vilket ju var sant. 'Kommer jag aldrig mer att träffa pappa?' undrade Andreas. På det valde jag att inte svara utan försäkrade bara att jag alltid skulle ta hand om honom.

Efter att Andreas somnat hämtade jag en väska och sa lugnt till Marcus att packa och ge sig av. Först protesterade han och sa att det var lika mycket hans hus som mitt. Han grät till och med en skvätt, men jag var benhård och till slut gav han upp och lämnade oss. När han väl hade gått orkade jag inte längre hålla masken och eftersom det nu nästan var morgon ringde jag till Madeleine som omedelbart kom dit. Jag grät och grät, men Madeleine lugnade mig och sa att hon inte var ett dugg förvånad, att hon aldrig hade litat på Marcus och att hon och resten av familjen skulle ta hand om oss. Senare ringde hon också en av Sveriges främsta advokater som på stående fot åtog sig fallet och lovade att jag utan problem skulle få vårdnaden om Andreas.

Alla ställde verkligen upp för oss. Skilsmässor var ovanliga på den tiden, inte som nu när man byter partner lika ofta som man byter byxor. Många var förfärade över hur Marcus hade behandlat oss. Flera av våra vänner hade också träffat Hanna medan hon arbetade hos oss och kunde inte för sitt liv förstå vad Marcus såg hos henne. När jag berättade att hon tydligen var döende, skrattade de och konstaterade att det var världshistoriens äldsta knep för att behålla en man.

Marcus försökte som sagt få vårdnaden om Andreas. Han hävdade bland annat att han och Hanna var ett par och att de hade bättre förutsättningar att ta hand om min son än jag hade som ensamstående mor. Mina föräldrar och några av våra gemensamma vänner gjorde klart för honom det omoraliska i att inte bara beröva mig mitt äktenskap utan också mitt barn, men han lät sig inte bevekas. När det ordnades en sorts försoningsmöte med oss, våra advokater och en domare från tingsrätten, insåg han slutligen att det inte skulle bli som han ville. Domaren klargjorde att det bästa Marcus kunde hoppas på var umgängesrätt var tredje helg. Resten av tiden skulle Andreas bo hos mig.

Efter det gjorde Marcus bara några pliktskyldiga försök

att umgås med vår son. Andreas var ointresserad av att träffa honom och om Hanna sa han: 'Jag vill aldrig, aldrig träffa henne. Hon har tagit min pappa.'

En kort tid senare fick jag av några vänner veta att Hanna hade dött. Jag fick höra att det var någon form av blodsjukdom men är fortfarande osäker på vad som hände. Naturligtvis undrade jag över detta, men ville inte höra av mig till Marcus för att fråga. Vid det här laget hade vi helt brutit kontakten. Även om hon orsakade vår familj stor smärta kunde jag inte låta bli att känna med henne, som under sitt liv fått utstå orimligt mycket lidande. Konstigt nog kände jag en sorts närhet till denna för mig så främmande varelse.

Jag vet att Marcus hade det svårt efter att Hanna hade gått bort. Han hade inga vänner kvar, stackaren. Alla tyckte att han hade sig själv att skylla. Och hans föräldrar var ju båda döda. Visst, jag erkänner att jag kände skadeglädje, så fylld av hat var jag mot den man som hade valt bort mig för en annan kvinna.

Efter en tid hörde jag att Marcus hade köpt en fotoaffär där han själv arbetade. Han gjorde inga nya försök att träffa vår son. I ärlighetens namn underlättade jag det inte för honom heller och kanske påverkade jag också Andreas att ta avstånd från sin pappa.

Hursomhelst fortsatte Andreas och jag vårt liv på tu man hand. Jag hade ett ganska välavlönat jobb och pengarna, inklusive de månatliga utbetalningar jag fick från Marcus, räckte för att vi skulle kunna bo kvar i villan. Allt gick bra under flera år.

Sedan började problemen. Jag fick rapporter från skolan om att min son skolkade och då jag talade med honom om det var han bara oförskämd tillbaka. När Andreas senare krävde att få sluta skolan handskades jag inte speciellt bra med situationen. Jag försökte pressa honom, och hans morfar agerade också klumpigt när han erbjöd Andreas pengar om han fortsatte. Vi ville ju bara väl, men ingenting verkade hjälpa. Andreas betedde sig allt konstigare och kunde inte behålla arbetet på lagret som jag hade ordnat åt honom. Jag förstod att han tyckte att det var tråkigt, men det var inte så lätt att finna kvalificerade uppgifter åt någon som hade dåliga skolbetyg och saknade högre utbildning. Jag var helt förtvivlad och jag vet att det var dumt, men för Andreas eget bästa letade jag igenom hans rum. Där fann jag amfetamin och Preludin.

Visserligen hade jag anat att han hamnat i dåligt sällskap, men att mitt eget barn skulle vara narkoman var svårt att smälta. När jag konfronterade honom försvarade han sig med att han bara använde det då och då, men min förtvivlan och oro minskade inte, som du kanske förstår. Jag hade en son som hade hoppat av skolan, inte kunde behålla ett jobb och som dessutom använde narkotika. En del menar nog att jag var ansvarig för att det gick på tok för Andreas. Men jag gjorde så gott jag kunde och det fanns ju ingen att fråga till råds.

Situationen blev slutligen ohållbar. Han bjöd hem sina kamrater natt efter natt och det kändes som om jag bodde i ett knarkarnäste. Jag försökte tala allvar med honom, men det slutade med att han i vredesmod lämnade huset. Därefter såg jag honom alltmer sällan.

Kanske var jag för överbeskyddande, jag vet verkligen inte. Jag blev överlycklig när han någon gång ringde eller kom förbi, även om det för det mesta handlade om att han behövde pengar. För varje gång jag träffade honom såg han alltmer nedgången ut. Kläderna var smutsiga och slitna och han verkade inte ha tvättat sig på evigheter. Inte ens när han sov hemma någon enstaka natt ville han bada. Men det var inte ofta han dök upp och det var outhärdligt att ständigt oroa sig för om han levde eller var död.

På sätt och vis var det en lättnad när Andreas dömdes till ungdomsfängelse i två månader, då visste jag åtminstone var jag hade honom. Jag trodde också naivt nog att man skulle få ordning på honom i fängelset – de talade ju mycket om vård. Nu vet jag bättre.

Det blev precis tvärtom. Han kom ut ur fängelset med nya 'vänner', vilket ledde till mer avancerad brottslighet och mer narkotika. Jag ville verkligen hjälpa honom, men hur?

Motvilligt beslutade jag mig till sist för att söka upp Marcus. Jag var desperat och ville uttömma varje möjlighet. Jag visste hur mycket Andreas avskydde honom sedan skilsmässan men tänkte att en far ju ändå är en far. Det var ett misstag, och jag har betalat ett högt pris för det.

Jag besökte Marcus i fotobutiken som låg i Hässelby. Det tog mig nästan en timme att åka dit, men väl där hittade jag butiken efter en kort stunds letande. Visst hade jag kunnat ringa i förväg men av någon anledning kunde jag inte förmå mig att lyfta luren och slå numret, så det fick bli ett möte öga mot öga. Jag såg genom skyltfönstret att han var ensam och höll på att packa upp varor. När jag öppnade dörren och det plingade till tittade han först inte upp utan hälsade bara medan han fyllde på filmrullar på hyllan. Sedan vände han sig mot mig med ett leende.

Det tycktes ta några sekunder innan hjärnan registrerade vad ögonen såg. Han blev så förvånad att han bara stod och gapade.

Också jag blev förvånad. Det hade gått tio år sedan vi sågs, men jag hade inte förväntat mig att möta det här. Hans hår hade grånat och han hade djupa fåror i ansiktet. Ögonen var insjunkna och han blinkade oupphörligt. Tillsammans med den mörka skäggstubben gjorde det att han såg ut som en lätt vanskött gubbe. Han hade gått ner minst tio kilo i vikt under de här åren, men värre var att hans blick hade slocknat.

Utan ett ord gick han fram till dörren och vände på öppetskylten. Sedan gjorde han en gest att jag skulle följa honom och vi gick in bakom ett skynke och uppför en trappa. När jag kommit högst upp insåg jag att vi stod i hans lägenhet. Den bestod av ett enda rum med en bäddsoffa, en teveapparat och ett matbord med tre stolar bredvid den lilla kokvrån. Det var rent och snyggt men oändligt deprimerande, ett intryck som förstärktes av den gräsliga gula tapeten. I stort sett fanns det bara ett prydnadsföremål i rummet – en skulptur av Zenia Larsson, en judisk konstnär och författare. Marcus hade tagit med sig den från sitt kontor och den föreställde en naken kvinna.

'Vill du ha te?' Frågan ställdes med helt neutral röst, som om ingen tid passerat och vi skulle slå oss ner vid köksbordet med var sin kopp för att tala om dagens händelser.

'Ja tack.'

Marcus satte en kastrull med vatten över gasspisens tända låga. Sedan vände han sig mot mig: 'Jag antar att det inte är för att rädda vårt äktenskap som du är här.'

Jag kunde inte låta bli att le. Hans torra humor var sig lik. 'Nej, det handlar om Andreas.'

Jag såg oron i hans ansikte och tänkte: Jaha, du bryr dig fortfarande om honom. Sedan berättade jag vad som hade hänt. När jag äntligen var klar hade vi druckit upp teet och han fyllde på min kopp och sa: 'Det här är enda gången jag tänker säga detta. Jag vet att jag gjort saker som kan ha skadat Andreas, men ditt beslut att hålla honom ifrån mig ända sedan dess har inte heller varit bra för honom.'

Jag svalde och bestämde mig för att inte säga emot. Underligt nog var jag inte längre arg på Marcus – all den ilska som jag burit på, all frustration över att livet inte blivit som jag hade planerat, var som bortblåst när jag satt där mittemot honom. Till min förvåning kände jag snarare en viss ömhet för den sorglige mannen med det åldrade utseendet. Jag lutade mig fram och klappade hans hand.

'Vi har båda gjort fel, var och en på sitt sätt. Jag tror att vi ska lägga det bakom oss och istället fundera över hur vi kan hjälpa Andreas på bästa sätt.'

Marcus nickade. 'Jag ska börja med att försöka prata med honom. Om jag berättar hela historien kanske han förstår att jag älskar honom och att det var omständigheterna som höll oss isär.'

Jag blev glad att han var så förstående. Samtidigt var jag orolig. Vad innebar det att Marcus skulle berätta 'hela historien'? Men jag slog det ur tankarna. Vi hade ingenting att förlora. 'Gör det som känns rätt', sa jag bara. Sedan satt vi tysta. Vårt möte var slut, men vi ville väl inte riktigt skiljas från varandra. Jag gav honom de telefonnummer som jag hade till Andreas vänner. Jag vet inte hur han fick tag i honom, men uppenbarligen lyckades han.

När vi stod vid ytterdörren och jag skulle gå tog han min hand och kramade den med sina båda. Han sa: 'Vi har burit oss illa åt, både mot varandra och mot Andreas. Det enda vi nu kan göra är att med gemensamma krafter försöka ställa allt till rätta.'

Jag nickade bara och så gick jag därifrån. Framme vid gathörnet vände jag mig om och tittade på Marcus. Han stirrade rakt framför sig men när han märkte att han var iakttagen lyfte han handen till hälsning. Det var sista gången jag såg honom i livet.

Tre dagar senare ringde Andreas mig vid niotiden på kvällen. Han lät förvirrad och ångestfylld. Jag trodde först att han hade abstinensbesvär, men när jag fick höra att han befann sig hemma hos Marcus förstod jag att det handlade om något annat. Riktigt orolig blev jag först när han på min fråga sluddrande svarade att hans pappa tyvärr inte kunde komma till telefonen. 'Han kan inte göra något längre, inte skada dig och inte mig. Jag mår så dåligt. Allt har blivit fel.'

Jag tog bilen och körde som en vettvilling till Hässelby. Andreas släppte in mig i affären och jag följde efter honom uppför trappan. Vi klev in i lägenheten och där låg Marcus med ansiktet i en blodpöl. Det behövdes ingen läkare för att konstatera att han var död. Hela bakhuvudet var inslaget och bredvid honom låg skulpturen av den nakna kvinnan. Den var hel men fläckad av blod.

Jag hade aldrig i mitt liv sett en död människa och åsynen av min före detta make liggande i sitt eget blod blev för mycket för mig. Jag fick omedelbart yrsel följt av ett illamående så starkt att jag efter några fåfänga steg mot badrummet föll ner på knä och kräktes våldsamt över golvet. Det kändes som om hela magen skulle komma ut genom munnen. Kramperna avlöste varandra och det blev svart för ögonen. Jag trodde att jag skulle förlora medvetandet, men tanken på att sjunka ihop i mina egna uppkastningar var så motbjudande att jag lyckades backa lite innan jag sänkte ner huvudet mot golvet. Efter en stund kände jag att blodet återvände till hjärnan och blicken klarnade.

När jag lyfte huvudet såg jag att Andreas hade sjunkit ihop på bäddsoffan med huvudet i händerna. Han verkade helt omedveten om mitt tillstånd, eller så var han bara van vid att se kräkande, halvt medvetslösa människor. Det lät som om han mumlade något men jag hörde inte vad.

Efter en stund kunde jag resa mig. Jag kände mig förvånansvärt kall och kontrollerad och bad Andreas berätta vad som hade hänt. Han gav mig en förvirrad redogörelse för deras samtal och sa: 'Jag hade dåligt samvete för att jag träffade honom. Jag vet ju hur hemsk han har varit mot dig, och mot mig. Det värsta var att han verkade schyst.'

Andreas tystnade ett ögonblick innan han med tom blick fortsatte:

'Jag hade gjort upp med några kompisar om att komma hit. Jag sa att det fanns en massa pengar och kamerautrustning i butiken. Att jag kunde fixa in dem. Jag var säker på att han aldrig skulle anmäla oss. Jag är ju trots allt hans son och han skulle inte våga skada mig igen, tänkte jag.

Det blev inte som jag hade planerat. Han började

skrika och ha sig när han såg dem. Först blev han arg på mig men sedan mjuknade han och sa att om de bara stack iväg skulle han inte anmäla oss. De hånskrattade och det var då han lyfte skulpturen och började vifta med den. Jag tror att de bara ville få tyst på honom, men det gick för långt. De var höga på någonting och visste inte vad de gjorde.

Själv kunde jag inte röra mig. Jag stod som fastfrusen och kunde inte stoppa dem. Ja, jag försökte kanske inte ens. Och nu ligger han där. De andra blev skiträdda och rusade härifrån, utan några pengar eller kameror. Men jag kunde bara inte lämna honom så här', sa Andreas och pekade på kroppen på golvet. 'Jag tänkte att det på sätt och vis var rätt åt honom, som han hade behandlat oss. Men nu känns allt hemskt.'

Andreas tittade vädjande på mig. Med ens upptäckte jag blodet på hans högra hand och när han märkte min blick sa han tyst: 'Jag ville bara se om han levde, så jag försökte hitta pulsen.'

Allt kändes så overkligt och det gjorde det nästan lättare att hantera situationen. Jag tog ett djupt andetag och försökte hålla mig lugn. Tids nog kunde jag bli hysterisk.

'Jag vill inte tillbaka till fängelset. Då dör jag hellre. Jag vägrar att bli inlåst!' Andreas vaggade fram och tillbaka på soffan med armarna om kroppen och jag tyckte så oändligt synd om honom. Jag sjönk ner på golvet framför honom och höll om honom så gott jag kunde.

'Han var ju snäll. Varför gjorde jag så? Du måste hjälpa mig. Hjälp mig, mamma!' kved han.

Jag tryckte undan paniken som bubblade inom mig och lutade mig fram. 'Var det någon som såg dig när du kom till butiken?' Andreas blinkade några gånger innan han svarade: 'Ja, jag mötte en man som jobbar där, men jag minns inte vad han hette.'

I det ögonblicket förstod jag vad som måste göras. Jag tog Andreas huvud i mina händer, såg honom rakt i ögonen och sa: 'Vad har du rört vid i lägenheten?' Han tittade undrande på mig utan att förstå, och jag skrek: 'För i helvete, Andreas, vad har du rört vid?!' Han verkade vakna upp och pekade på ett glas med lite vatten på bordet. Jag upptäckte genast att det fanns ett blodigt handavtryck på det.

'Och mer, vad har du rört vid mer?'

Andreas såg sig konfunderat omkring i lägenheten innan han pekade på badrumsdörren.

'Jag var på toa.'

'Bra! Inget mer?'

Han funderade ett slag och skakade sedan på huvudet.

'Och dina kumpaner, vad har de rört vid?'

Efter en kort tvekan pekade Andreas på skulpturen.

'Inget annat?'

Han skakade återigen på huvudet

'Du ska få en sista chans, Andreas, men då måste du verkligen ta vara på den.'

Han gav mig en oförstående blick.

'Du kommer inte att hamna i fängelse. Det lovar jag. Men då måste du lova mig något i gengäld. Du ska åka med hem och bo där från och med nu. Du ska sluta med narkotikan och ta igen det du har missat i skolan. Ditt gamla liv är över, förstår du det? Det här är din sista chans!'

'Ja, ja, tack snälla mamma', sa han med sin barnsligaste röst.

'Det är bra. Gå nu ner och sätt dig i butiken, så kommer jag om en stund. Och för Guds skull, rör ingenting!' Han lydde mig konstigt nog. När han lommat nedför trappan tittade jag mig omkring för att bedöma vad som behövde göras. Det tog några minuter och sedan gick jag ner till Andreas. Han satt på en stol och stirrade håglöst framför sig.

Jag knuffade honom lätt, han ryckte till, som väckt ur en dröm, och vi gick ut på gatan. Jag låste med nycklarna som suttit i dörren och sedan gick vi till bilen och körde hem. Jag förmådde honom att ta av kläderna och kliva ner i badvattnet jag hade tappat upp. Under tiden han tvättade sig plockade jag ihop hans kläder och lade fram nya – han hade fortfarande en hel del kläder hemma. När han hade klätt på sig ringde jag Madeleine och bad henne att komma hem till oss, för vi behövde hennes hjälp. Madeleine ställde inga frågor utan sa bara att hon skulle komma genast, och tjugo minuter senare stod hon i hallen. Jag förklarade att jag skulle åka och ha ett allvarligt samtal med Marcus om att han borde ta sitt ansvar för vår son, som han precis hade träffat för första gången på tio år. Madeleine skulle stanna hos Andreas och se till att han klarade sig och hjälpa honom om han blev abstinent.

Jag spelade upp en liten föreställning för Madeleine där jag lät henne förstå hur rasande jag var på Marcus. Sedan sa jag: 'Lova mig att du tar hand om Andreas när jag är borta.' Hon nickade, men jag tog tag i hennes händer: 'Nej, säg att du lovar! Det här är på riktigt. Utan dig kommer han kanske inte att klara sig.' Madeleine tittade förvånat på mig innan hon kramade mina händer och sa: 'Jag lovar.'

Jag visste att jag hade ont om tid och gick snabbt in till Andreas och sa att han skulle ta av sig kläderna han precis hade satt på och gå och lägga sig. 'Om någon frågar vad du har gjort i kväll så har du sovit här hemma. Du kom raka vägen hit efter att du träffat din far, och han levde då du lämnade honom.' Jag upprepade detta tre gånger och fick honom att säga efter mig tills han kunde det utantill. Sedan sa jag: 'Berätta aldrig någonsin för någon vad som hände i kväll. Aldrig någonsin! Och glöm aldrig att jag älskar dig.'

Andreas kramade mig fumligt och jag gick ut till bilen och körde tillbaka till Hässelby. På Tranebergsbron stannade jag, gick fram till räcket och slängde ner en hopknuten plastpåse som innehöll Andreas kläder och en tegelsten som jag hade plockat upp på tomten.

Väl framme låste jag upp med nycklarna som jag hade tagit med mig och smet snabbt in i affären. När jag kommit upp i lägenheten tog jag en trasa från köksbänken och torkade av vattenglaset och bordet. Jag fortsatte med badrummet och torkade slutligen med viss vånda av skulpturens ena ände, den utan blod på, och spolade ner trasan i toaletten. Med viss lättnad såg jag den försvinna ner i det virvlande vattnet. Mina vedervärdiga uppkastningar fick vara kvar på golvet, de skulle göra min berättelse mer sannolik. Jag satte mina fingeravtryck på lämpliga ställen i lägenheten och tog också ett bestämt tag om skulpturen. Sedan klev jag runt i blodpölen på golvet. Som avslutning kastade jag mig fram och slog huvudet mot badrummets dörrhandtag. Det varma blodet började genast rinna nedför ansiktet. Det är värt smärtan, tänkte jag.

När jag var klar lade jag mig på soffan och väntade. Jag visste att ju längre tid som förflöt, desto svårare skulle det bli att bestämma tidpunkten för dödsfallet. Vid sextiden på morgonen lyfte jag luren och slog larmnumret till polisen. Vid det laget, efter att ha tillbringat ett antal timmar ensam i ett rum med liket av min före detta man, hade jag inga problem att låta hysterisk. Ambulans och polisbil var där inom några minuter.

Jag förklarade att vi hade börjat bråka, att jag hade blivit knuffad in i dörren och därefter bara hade diffusa minnesbilder av vad som hänt. Marcus hade vänt ryggen till och jag hade lyft skulpturen. Sedan sa jag att jag inte mindes mer, förrän han låg blodig vid mina fötter. Jag måste ha svimmat, påstod jag, och vaknat först på morgonen. Poliserna verkade tro på min historia, för efter en stund satte de på mig handklovar och förde mig ut ur lägenheten. Under tiden hade polisens tekniker anlänt och innan jag gick nedför trapporna kastade jag en sista blick på den man som jag hade älskat och hatat med samma intensitet.

Ja, sedan vet du vad som hände. Efter fyra månader i häktet på Långholmen dömdes jag i början av 1964 till sex års fängelse och kommer i morgon ut efter fyra år. Och Andreas har till min oerhörda glädje fått ordning på sitt liv. Madeleine höll sitt löfte och gav honom allt tänkbart stöd. Han har gått ut vuxengymnasiet med bra betyg och sedan, som sin pappa, valt en ekonomisk utbildning. Parallellt har han med några studiekamrater startat ett företag som redan ger avkastning.

Här i fängelset har jag många gånger tänkt på mitt sista samtal med Marcus. På något sätt känns det som om vi har betalat av den skuld vi hade till vår son. Det var minst sagt ett högt pris, men om det leder till att Andreas får ett bra liv så var det värt det. Det tror jag att Marcus också skulle ha sagt."

Iris tittade på prästen som orörlig suttit och lyssnat med ett neutralt ansiktsuttryck. Ibland hade han nickat uppmuntrande, men det var också allt. Hon visste verkligen inte om han trodde på henne – som präst hade han nog hört en hel del fantastiska skrönor – men det var inte det viktigaste. Hon hade äntligen fått ur sig hela historien inför en annan människa och det var en stor lättnad.

Plötsligt reste sig prästen och gick de få stegen fram till den stol där hans portfölj låg. Han öppnade portföljen och drog fram ett skrynkligt vitt brev. Han gick tillbaka till bordet medan han tummade på kuvertet och Iris tittade förvånat på honom när han räckte över det. Det var tjockt och på utsidan kunde hon läsa orden ”Till Andreas” med snirkliga bokstäver.

Medan Iris stirrade på brevet sa prästen: ”Jag har förstått att du inte har velat ha besök av din son så ofta, så i dag var första gången jag träffade honom, för bara ett par timmar sedan. Han är verkligen en fin ung man, lågmäld och med mycket integritet. Han bad mig meddela att han bor på Frövi hotell över natten och att han möter dig utanför porten i morgon och kör dig hem. Men först ville han att du skulle läsa det här brevet. Han sa att innehållet skulle göra dig upprörd, men att det var bra om du fick läsa det ensam, så skulle ni tala om det efteråt. Här är brevet. Jag tar farväl av dig nu och önskar dig all lycka.”

Iris svarade inte, för hon hade känt igen handstilen. Hon öppnade långsamt kuvertet och plockade fram de många blad som låg däri. Redan innan prästen lämnade rummet hade hon börjat läsa.

HANNA

1954

Käre Andreas!

När du läser det här behöver du min hjälp. Jag vet det eftersom jag bad din moster Madeleine att bara ge dig brevet om du hade det svårt och hon trodde att innehållet skulle vara till gagn för dig. Hon lovade att göra som jag önskade. Madeleine har jag alltid kunnat lita på, oavsett det som hände mellan mig och dina föräldrar. Hon är en god människa.

Jag vill inte att du ska behöva lida för allt ont jag har gjort. För att du ska kunna förstå måste jag berätta min historia i korthet, eftersom den angår dig också.

Jag växte upp i Polen, i en stad som heter Łódź. Min barndom var underbar. Kanske är det en förenkling och en efterkonstruktion med tanke på vad som sedan hände, men det är så jag minns den. Det förekom antisemitism, men jag gick i en judisk skola och vi umgicks bara med judar. Vi levde i många avseenden i en skyddad värld, vilket gjorde oss oförberedda på det som skulle ske.

Min far kom från en mycket religiös släkt, men redan hans far hade valt bort tinningslockarna och de svarta kläderna till förmån för en mer världslig syn på tillvaron. Våra band till det judiska var ändå starka. Min pappa Ignatz gick regelbundet i synagogan på shabbat, vi firade alla högtiderna och varje fredag åt hela familjen en traditionell middag tillsammans: min mamma Zuzanna, min lillasyster Rachel, min lillebror Ryszard, pappa och jag. Min lillebror föddes med en lindrig CP-skada vilket gjorde att han hade problem att gå – han lärde sig det först i sexårsåldern. Fram till dess, och även senare, tog han sig fram genom att hasa över golvet på sitt speciella sätt. Vi brukade skoja och säga att om det fanns tävlingar i vem som hasade snabbast skulle Ryszard vinna. Trots sitt handikapp var han alltid glad och om det fanns någon favorit i familjen var det han.

Vi hade det gott ställt och hushållet sköttes av en trotjänarinna, Beata, som arbetat hos oss sedan jag föddes. Beata var ogift och bodde med sin sjukliga syster, men hon kom till oss varje morgon och gick hem först sent på kvällen. Hon var en djupt troende katolik och i köket hade hon bett att få sätta upp en madonnabild, vilket mina föräldrar efter viss tvekan gick med på, så länge den hängde bakom en skåpdörr så att inga gäster skulle se den. Beata var hjärtegod och för oss barn var hon som en andra mamma, ibland sträng men alltid omhändertagande. Och när hon skällde på oss för att vi hade gjort något ofog visste vi att vi skulle få henne att brista i skratt om vi gjorde en rolig min. Det var likadant varje gång.

En gång om året packades hushållet ner och vi åkte alla ut till vårt landställe som låg en timme utanför Łódź. Det hade ägts av min mors släkt i flera generationer och bestod av tre stora hus som låg bredvid varandra vid en liten insjö. Där samlades hela familjen med mostrar, morbröder och kusiner under den evighetslånga sommaren. För mig var det paradiset på jorden.

Jag var bara arton år när jag träffade Adam. Det var på en dans som ordnades av Judiska församlingen i Łódź. Han var en fin människa, ganska kortväxt med mjuka händer. Men det som fick mig att falla för honom var hans vackra, blå ögon. När de vilade på mig kände jag mig alltid sedd och beundrad, som om jag var insvept i en varm filt av tillgivenhet. Då jag senare mötte hans föräldrar tittade jag noga för att se vem han hade ärvt sina speciella ögon av och till min förvåning visade det sig att bådas ögon liknade Adams. Förklaringen kan vara att de faktiskt var släkt med varandra på långt håll, sysslingar för att vara exakt.

Vi blev snart ett par, på ett oskyldigt sätt naturligtvis. Han uppvaktade mig med små presenter och vi gick tillsammans på kaféer och bio. Jag tyckte om Adam och han verkade hysa varma känslor för mig. Också mina föräldrar uppskattade honom, liksom mina syskon, som i och för sig retades och sa att Adam och jag var fåniga när vi satt och höll varandra i handen i finsoffan hemma. Adam skrattade bara och sa att småsyskon fick man stå ut med. Själv hade han tre.

Vid denna tid surrade rykten om galningen i Tyskland och hans syn på judar, men det var egentligen ingen som oroade sig för att han skulle kunna skada oss – vi kände oss trygga i Polen. En naiv tro skulle det visa sig. I september 1939 invaderades Polen. Det hela var över på några veckor. Polen hann knappt mobilisera innan det var besegrat. Det sägs att Polen hade världens bästa kavalleri vid tiden för invasionen. Kanske räcker det som förklaring.

Under tiden som följde hände inte mycket och efter viss tvekan bestämde Adam och jag att vi skulle gifta oss. Det var nog omständigheterna som gjorde att det gick så snabbt. I krig vet man inte hur länge framtiden kommer att finnas och vi var långt ifrån det enda paret i vår ålder som gifte oss den hösten. Giftermålet ägde rum den tjugofemte november 1939. Det var en fin ceremoni som hölls i en lokal som vanligen användes som skola. Synagogorna i Łódź hade förstörts av tyskarna.

Några månader efter vårt giftermål beordrades alla judar att bosätta sig i ett område i och omkring Łódź gamla stadsdel. Adam och jag hade precis hyrt en liten lägenhet som låg utanför området och vi fick istället flytta till mina föräldrar som hade en stor våning inom de kvarter som skulle bli Łódź getto. Problemet var att väldigt många judar skulle få plats inom ett litet område och lägenheten fylldes snabbt med folk. Till att börja med delade jag och Adam på ett litet rum, men efter en tid flyttade min lillebror Ryszard in till oss, för att bereda plats för alla nytillkomna familjer. I samband med att gettot bildades förlorade vi kontakten med Beata. Vi kunde lika lite komma ut ur gettot som hon kunde komma in.

Max föddes i augusti 1940. Egentligen hade vi tänkt vänta med barn, men nu blev det som det blev. Även om jag oroade mig för framtiden blev Max genast ljuset i vår dystra tillvaro. Maten var knapp men jag kunde amma honom utan problem och han växte snabbt. För varje dag älskade jag min son alltmer. Han blev mittpunkten i det universum som gettot utgjorde.

Det hade bildats ett judiskt råd i gettot. Dess ledare hette Chaim Rumkowski. Han uppfattades till att börja med som en kompetent person och var ansvarig för att organisera arbetet. Tanken var att vi skulle göra oss oumbärliga för den tyska krigsindustrin. Jag och Rachel fick arbete i en fabrik där vi sydde kläder till den tyska armén. När jag och Adam arbetade tog min mamma hand om Max. Livet var svårt men inte omöjligt att uthärda. Det värsta var nog bristen på mat och så den fruktansvärda vinterkylan. Allt brännbart hade redan förbrukats och under vintermånaderna frös vi ständigt, såväl ute som inne.

I början av 1942 blev deportationerna allt fler. Man sa att människor skulle "omplaceras" österut. Först kändes deportationerna inte speciellt hotfulla, det var mest kriminella och arbetsvägrare som berördes. Men sommaren 1942 började det talas om att tyskarna planerade att skicka iväg alla barn och gamla från gettot. Eftersom vi fortfarande litade på Rumkowski och hans förmåga att skydda oss valde vi att inte tro på dessa rykten, som emellertid växte i styrka.

Sedan kom beskedet att Rumkowski skulle hålla ett tal till invånarna i gettot och jag bestämde mig för att gå dit och lyssna. Jag kommer fortfarande ihåg hur den gråhårige mannen klev upp på ett podium och med darrande stämma började tala till oss. Högtalarna förmedlade på ett bisarrt sätt hans gråtmilda och samtidigt pompösa stämma. Rumkowski berättade att tyskarna krävde att tjugotusen människor skulle överlämnas till dem för transport österut och att de denna gång ville skicka iväg gamla, sjuka och barn under tio år. Jag minns inte hela talet men en sak kommer jag aldrig att glömma. Han ropade: "Bröder och systrar! Överlämna dem till mig. Fäder och mödrar: Ge mig era barn!"

Runtomkring mig skrek och grät människor. Själv stod jag som paralyserad och tänkte gång på gång: Inte Max, inte Max. Hoppet om att deportation innebar omplacering österut levde fortfarande, men hur skulle ett litet barn kunna överleva utan sina föräldrar? Jag gick därifrån i den ännu varma septembersolen och vet inte hur jag hittade hem.

När jag kom innanför dörren och berättade vad som sagts blev de andra som bodde i lägenheten upprörda, men efter en stunds resonerande menade vissa att vi trots allt borde göra som Rumkowski bad oss. Vi hade inget annat val, sa de, och det var nödvändigt att invånarna var produktiva för att tyskarna skulle låta gettot i Łódź finnas kvar. Skräckslagen över tanken på att förlora min underbare son protesterade jag mot deras cynism. Det var lätt för dem att säga så, som inte hade några egna barn som riskerade deportation. För mig var det en omöjlighet att lämna ifrån mig Max.

Adam och de andra i familjen tröstade mig och sa att vi naturligtvis skulle försöka se till så att Max fick stanna. Men, försäkrade de, även om han skickades bort skulle han naturligtvis klara sig. Inte kunde tyskarna vara så galna att de dödade oskyldiga människor. Det fanns goda möjligheter att vi efter kriget skulle kunna återförenas med dem som fördes bort. Jag ville men kunde inte riktigt tro på dem.

Strax därefter infördes utegångsförbud och vi tvingades alla sitta tillsammans i vår numera överfulla lägenhet. Tre dagar senare stod plötsligt en grupp bestående av tyska soldater och judisk polis utanför porten till vårt hus. De befallde alla som bodde i huset att komma ut. Jag gick sist med Max i mina armar. Väl ute på gatan skedde allt snabbt. Min mamma, pappa och lillebror valdes ut och knuffades upp på ett lastbilsflak, liksom några andra av husets äldre invånare. Sedan var det barnens tur. En judisk polisman kom fram och tog tag i Max och beordrade mig att släppa. Jag skakade på huvudet och höll Max allt hårdare intill mig. Då tog polisen ett bestämt tag om hans midja och slet honom ur min famn. Max började gråta och jag skrek åt polisen att ge mig min son tillbaka. Men polisen lyfte upp Max på flaket där han togs emot av min mamma. ”Jag vill följa med mitt barn”, skrek jag och rusade fram till flaket och började klättra upp. Plötsligt kände jag en hand på min arm. Det var pappa som tittade ner på mig. Han sa: ”Vi ska ta hand om Max, Hannele. Du ska stanna kvar. Här har du större chans att klara dig. Vi ska ta hand om Max, det lovar jag dig.”

Jag såg in i hans kloka ögon och sedan, må Gud förlåta mig, klev jag av lastbilens fotsteg och ner på marken. Jag backade ett par steg så att de kunde stänga baklämmen och sedan rullade lastbilen iväg med sin mänskliga last. Det sista jag såg av min son var hur han gråtande klamrade sig fast vid sin mormor. Hans läppar formade ett ”mamma” som jag inte kunde höra över dånet från motorerna och alla skrik runtomkring mig.

Än i dag ångrar jag mitt beslut att kliva ner från lastbilen.

Jag ska inte tynga dig med allt som hände under gettotiden, men några saker vill jag berätta. Eftersom jag kunde skriva maskin fick jag ett nytt arbete i gettots administration, i den del som låg i Balucki Rynek, precis på gränsen mellan gettot och den övriga staden. Där blandades Judiska rådets administratörer med tyskar i kostym och soldater i uniform. Det var en märklig plats, till hälften getto, till hälften stad. Rachel arbetade kvar på fabriken där hon sydde rockar åt de tyska soldaterna.

Det fanns knappt någon mat och sjukdomarna spreds mellan de undernärda invånarna i gettot. Jag försökte så gott det gick att låta bli att tänka på om Max fick tillräckligt med mat där han befann sig.

Situationen blev alltmer förtvivlad. Smuggling förekom nästan inte i Łódź getto, eftersom det i princip var helt avskuret från omvärlden, och vi var därför helt beroende av tyskarna för tillgång till mat. En svartabörsmarknad för matvaror hade växt fram. Priserna på denna marknad varierade efter tillgång, och betalningsmedlet var gettots interna valuta, tyska mark samt juveler och guld. Våra tillgångar var nu helt uttömda och jag var så desperat att jag bestämde mig för att försöka skicka ett brev till Beata och be om hjälp. Jag visste att det skulle bli svårt men för varje vecka blev Rachel alltmer utmärglad och trots att jag undvek att titta mig själv i spegeln insåg jag att mina minskande krafter berodde på undernäring.

I Balucki Rynek passerade tyskar och enstaka ickejudiska polacker gettogränsen. Efter att ha funderat över vilka alternativ jag hade bestämde jag mig för att gripa tillfället nästa gång jag hade möjlighet. En dag mötte jag en medelålders polsk man i korridoren. Han log vänligt och sa lite flörtigt: ”God dag, min lilla vän.” Jag följde min instinkt, hejdade honom och frågade om han kunde hjälpa mig med en sak. Han svarade älskvärt att han naturligtvis skulle göra det. Jag bad honom då att för min räkning söka upp en kvinna utanför gettot och ge henne ett brev. Mannen blev upprörd och sa att om det upptäcktes skulle såväl han som jag avrättas.

Jag erbjöd honom då en summa pengar om han utförde uppdraget. Efter stor tvekan och efter att ha förhandlat upp beloppet sa han ja. Jag gav honom ett brev där jag kortfattat beskrev vår situation och bad Beata om hjälp. Pengar och värdesaker skulle jag använda till att köpa mat på svarta börsen samt till att betala min kurir. Mannen stoppade brevet innanför sina underbyxor och avlägsnade sig utan ett ord och jag tänkte att han antagligen skulle ta det Beata skickade oss och behålla det för egen del.

Tre dagar senare kom mannen tillbaka. Ur sina rymliga underbyxor drog han fram ett förseglat kuvert som innehöll pengar och flera guldringar. I det medföljande meddelandet skrev Beata att hon skulle sälja allt hon ägde om det behövdes för att hålla oss vid liv. Lättad och glad insåg jag att det fanns människor utanför gettots stängsel som fortfarande brydde sig om huruvida vi levde eller var döda.

Beatas pengar och guldringarna hjälpte oss att överleva. Vi kunde köpa lite extra mat varje vecka, vilket gjorde att vi höll oss någorlunda starka. Vi visste ju inte hur länge vi skulle förbli i gettot men var disciplinerade och föll aldrig för frestelsen att göra oss av med våra tillgångar för snabbt.

Ibland hörde vi rykten om att de som hade deporterats befann sig i läger österut. Men alltfler uppgifter spreds om att de istället hade dödats. Själva valde vi att inte tro på ryktena om massavrättningar, och på samma sätt resonerade de allra flesta i gettot. Det tedde sig alltför groteskt, alltför outhärdligt. Samtidigt var det svårt att förstå vart alla barnen som skickats bort utan sina föräldrar hade tagit vägen. Och varför hörde vi aldrig av någon av dem som deporterats? På detta sätt lade vi verkligheten och vårt önsketänkande i var sitt fack och lät dem inte vidröra varandra.

Det rådde ett relativt lugn under tiden som följde och även om vi aldrig kände oss trygga fortsatte livet i gettot. Sedan började deportationerna i stor skala igen. Min make Adam fördes bort av en transport i slutet av juli 1944. Av en av hans arbetskamrater fick jag veta att en selektion hade ägt rum på fabriken och att Adam hade hamnat bland dem som leddes bort. Jag såg honom aldrig mer. En tid senare förstod jag att jag var gravid igen. Det fanns kvinnor i gettot som kunde ta bort foster och Rachel försökte övertala mig att be dem om hjälp. Hon sa att mina möjligheter att överleva var mycket större om jag inte var gravid. Men jag vägrade och sa att jag aldrig skulle upprepa det jag hade gjort mot min lille Max.

Sedan skedde det oundvikliga – i slutet av augusti 1944 transporterades Rachel och jag från Łódź getto. I stort sett hela gettot tömdes och på tågstationen såg jag Chaim Rumkowski och hans familj. Vår respekt för denne man hade med tiden förbytts i förakt och han hade svårt att freda sig mot ilskna medpassagerare som i bästa fall kastade glåpord efter honom. Jag vill inte säga så mycket mer om denne märkliga person.

Rachel och jag var de sista ur vår familj som lämnade gettot. I överfulla vagnar, utan mat och med bara lite vatten, transporterades vi söderut och anlände efter ett par dagar till Auschwitz-Birkenau. Även om jag ville skulle jag inte kunna beskriva denna resa, stora delar av den har suddats ut ur mitt minne. Men det jag kommer ihåg är att vi satt hopklämda som sardiner i en burk, att det var fruktansvärt varmt och smutsigt och att människor skrek av ångest. Om vi levt i villfarelsen att Łódź getto var helvetet på jorden tvingades vi snabbt inse att det fanns ännu värre platser.

Väl framme snubblade vi ut på en gigantisk perrong innanför anläggningens taggtrådsstängsel. Jag såg några fångar i randiga kläder som verkade ha till uppgift att samla ihop väskor som hade lämnats på perrongen. Det var en varm och skön dag, minns jag, men vi hade små möjligheter att njuta av solen eftersom soldater med skrik och slag delade upp oss i två led, kvinnor, flickor och småbarn i det ena och män och pojkar i det andra. Brådstörtat tog familjer farväl av varandra, om de ens hann det. Därefter fördes vi framåt. Jag noterade att det stod en officer en bit framför oss och skickade vissa till vänster och andra till höger. Kvinnor med småbarn och många äldre fördes till höger, så jag makade mig själv och Rachel till vänster i ledet. När vi kom fram till officeren pekade han åt vänster.

Vi fördes till en stor byggnad där vi fick klä av oss. Ytterligare ett antal människor plockades ut och fördes bort. Det var kvinnor som utan kläder inte längre kunde dölja hur avmagrade de var. Bredvid mig grät en kvinna i tjugoårsåldern och klamrade sig förtvivlat fast vid sin mor, som kommenderats att följa med. När vakten leende sa att hon kunde göra modern sällskap om hon ville, gav modern henne ett hårt slag i ansiktet så att hon chockad släppte taget och slutade att gråta. Modern lade handen mot den kind hon precis hade slagit och gick därefter utan ett ord iväg i den riktning vakten befallde.

I mitt stilla sinne tackade jag ännu en gång Beata för de extra ransoner som vi hade fått tillgång till med hennes hjälp och som bidragit till att vi inte såg lika undernärda ut som många andra. Vi fick duscha och blev avlusade.

Därefter leddes vi till en barack där vi blev tilldelade en sovplats. På vägen dit kände jag för första gången den vidriga lukten av bränt kött som jag snart förstod kom från Auschwitz-Birkenaus krematorier.

Jag kan inte förklara det på annat sätt än att vi hade förträngt det uppenbara, att döden väntade på oss alla. Förhoppningarna om att våra familjemedlemmar och vänner hade förflyttats från Łódź till arbetsläger där de skulle bli väl omhändertagna löstes upp i tomma intet. För här fanns det inte längre någon möjlighet att blunda för sanningen. Den gick att avläsa i de människosilhuetter som vi såg vandra från tågen i riktning mot gaskamrarna. Den vällde fram som svart rök ur skorstenarna. Och den kändes i varje stinkande andetag.

I Auschwitz stannade vi bara en vecka innan vi lastades på ett nytt tåg. Vi sa till varandra att de rimligtvis inte planerade att döda oss direkt. Det enklaste hade ju i så fall varit att ta oss till gaskamrarna i Auschwitz. Jag minns att en äldre kvinna skrattade till, ett hårt kluckande läte, och sa att krematorierna redan var igång dygnet runt. ”De hade bara inte plats för oss”, sa hon med ett leende på läpparna.

Hur många dagar denna tågresa varade är omöjligt att säga, den verkade oändlig. Rachel och jag satt hopträngda i den överfulla boskapsvagnen. Men i motsats till den tidigare transporten hade vi fått brödlimpor och margarin att äta.

Till slut öppnades dörrarna och vi beordrades att stiga ut på plattformen. Blinkande mot det skarpa solljuset fick vi reda på att vi skulle gå den sista biten till koncentrationslägret Ravensbrück, som låg norr om Berlin. Rachel och jag tittade på varandra. Vi var i Tyskland! Varför vi hade skickats hit visste vi inte, men vi hoppades att det var för att de behövde arbetskraft.

Så snart vi kom dit rakade de av oss håret. Rachel och jag kände knappt igen varandra med kala huvuden. Egendomligt nog började vi båda skratta när vi stirrade på varandra, så anskrämliga såg vi ut.

Därefter fick vi besked om att vi skulle duscha. Vi visste mycket väl att gaskamrarna i Auschwitz var kamouflerade till duschar och jag fylldes av rädsla. Var det slut nu? Jag tror att alla kvinnor i gruppen tänkte samma sak. Det underliga var att vi ändå lät oss fösas in i duscharna utan motstånd. När vattnet strilade ner kunde jag inte låta bli att skratta till, av lättnad och kanske också av ett ögonblicks lycka.

Därefter placerades vi i en barack där fem kvinnor fick dela på varje brits. De som inte fick plats låg på golvet. Det var så trångt att man knappt kunde röra sig. De första två veckorna hände ingenting, förutom att de magra matransonerna delades ut tre gånger om dagen och att vi fick stå uppställda tidigt varje morgon för att räknas, en process som kunde ta flera timmar.

I baracken fanns en blockäldste, en tjock judisk kvinna vid namn Sara. Hon betraktades av tyskarna som en pålitlig fånge och ansvarade inför dem. Sara svor och skrek åt oss så snart hon fick möjlighet och ibland slog hon oss. Eftersom hon rapporterade direkt till vakterna var det ingen som vågade sätta sig upp mot henne.

Ravensbrück var ett kvinnoläger och jag var inte den enda som var gravid. I början noterade jag att det faktiskt fanns en del barn i lägret och jag hoppades att det skulle gå att föda barnet där om det blev nödvändigt. Men ganska snart förstod jag att de barn som föddes i lägret dödades av vakterna. Jag insåg att mitt barns liv var beroende av att vi blev befriade i tid.

Vid räkningen en morgon fick vi veta att några kvinnor behövdes för arbete i en fabrik. Instinktivt drog jag med mig Rachel fram för att de skulle välja oss, vilket de också gjorde, tillsammans med ett tiotal andra kvinnor. Till vår förvåning fördes vi ut ur lägret och efter en kort vandring gick vi igenom grindarna till ett annat, mindre läger. Där fanns bara ett fåtal baracker samt Siemensfabriken, där vi skulle arbeta.

Inne i fabriken tilldelades vi våra arbetsuppgifter. Efter att snabbt ha blivit instruerade av fångar som redan arbetade i fabriken började vi. Själv skulle jag montera elektriska delar till det som skulle bli telefonväxlar. Kvinnan som arbetade bredvid mig viskade att det var bättre förhållanden i fabriken än i huvudlägret, men att det var viktigt att vi skötte våra sysslor, annars skulle vi skickas tillbaka och ersättas av andra fångar.

Tydligen var de nöjda med Rachels och min arbetsinsats för vi fick stanna. Vi fick små matransoner, men de var ändå större än i huvudlägret. Uppenbarligen var de som drev fabriken angelägna om att vi skulle prestera väl. Arbetet var hårt och om vi inte uppfyllde den dagliga kvoten kunde vi bli slagna eller få våra matransoner indragna. Många av vakterna var kvinnor, men de var precis lika grymma som männen.

Ibland kom det nya fångar som kunde berätta om hur det gick i kriget. Det blev alltmer uppenbart att Tredje rikets dagar var räknade och att det bara var en tidsfråga när de skulle tvingas kapitulera. De allierade höll på att befria Västeuropa och från öster trängde ryssarna fram. Men det blev också allt tydligare att Hitler inte hade några planer på att ge upp. Han skulle inte avsluta kriget om så hela Tyskland låg i ruiner.

Under vintern 1944–45 kom Rysslands arméer allt närmare Ravensbrück. Och jag blev alltmer besatt av tanken på om de skulle hinna fram i tid så att mitt barn kunde räddas. Jag har alltid varit smal, också under mina graviditeter, och min mage var till en början inte iögonfallande stor. Till detta bidrog naturligtvis den magra kost som vi tilldelades och jag oroade mig ständigt för hur mitt ofödda barn mådde. Efterhand syntes den alltmer men en av kvinnorna hjälpte mig genom att byta mina alltför små lägerkläder mot hennes bylsiga, men jag var fortfarande livrädd för att mitt tillstånd skulle upptäckas.

Under mars 1945 minskade arbetet successivt. Material som krävdes för att hålla produktionen igång saknades. Vi blev både oroliga och glada över denna utveckling. Den innebar att Tyskland höll på att förlora kriget, men frågan var om de skulle låta oss leva när de inte längre hade någon användning för oss.

I början av april fördes vi tillbaka till Ravensbrücks huvudläger och inkvarterades i baracker. Förhållandena där var fruktansvärda. Vi fick nästan ingen mat och hölls instängda större delen av dagen. De sanitära omständigheterna vill jag helst inte beskriva.

Sedan kom de första Röda korset-bussarna till Ravensbrück. Vi fick veta att de var från Sverige och Danmark och att de skulle transportera franska fångar i säkerhet. Bussarna kom tillbaka flera gånger och vi kunde bara längtansfullt titta på dem och önska att det var oss de hade kommit för att rädda.

Vid denna tidpunkt blev jag svårt sjuk med hög feber och fruktansvärda magsmärtor. Jag hade varit sjuk upprepade gånger i lägret, det hade vi alla, men det här var något annat. Till slut tog man med mig till sjukstugan där jag hamnade i ett rum med sjuka och döende kvinnor. Där sa man till mig att jag hade tyfus.

En natt hade jag i yrsel och feberfrossa slängt av mig filten och dragit upp kläderna som skulle täcka magen. En sjuksköterska som tillhörde SS stannade till vid min säng. Hon tittade mig i ögonen utan att röra en min och lade tillbaka filten över min kropp. Sedan förde hon pekfingret till munnen för att visa att det var vår hemlighet som vi inte skulle avslöja för någon. Under de närmaste följande dagarna satt hon flera gånger vid min brits och gav mig vatten eller tunn soppa med en sked. Allt kunde jag inte behålla, men troligen räddade denna okända kvinna mitt liv.

Sedan kom bussarna tillbaka och denna gång skulle de även ta med polska fångar. Jag var då nästan medvetslös men av en annan kvinna som låg i mitt rum fick jag senare höra vad som hade hänt. Sjukvårdspersonal från bussarna hade kommit in och valt ut de fångar som ansågs möjliga att flytta. När de såg mig skakade de på huvudet och gick vidare, men i samma stund steg min syster in i rummet. Rachel hade på eget bevåg lämnat baracken för att se till mig. ”Hon var som en tigrinna”, berättade kvinnan från mitt sjukrum. Det handlar om två liv, hade Rachel sagt, dragit av mig filten och pekat. Obeveklig hade hon krävt att de skulle ta med mig på bussen.

Slutligen hade de låtit sig övertalas och bar ut mig till en av bussarna. Rachel gick bredvid och höll min hand. Jag minns att jag kom till sans och frågade henne om hon inte skulle följa med. Hon skakade på huvudet och sa att det inte fanns plats, men att hon skulle följa efter i nästa transport. Vi väntade en stund vid bussarna och när det var dags för mig att lyftas på stoppades vi av en man som sa att jag var för sjuk att tas med. ”Vi har inte tillräckligt med sjukvårdspersonal”, sa han. I det ögonblicket kom vakterna och släpade iväg Rachel, som skrek att himlen skulle straffa dem om de inte tog med hennes syster.

Mannen tittade på mig och sedan på de andra Röda korset-medarbetarna. Då hördes en röst på tyska: ”Har ni inget hjärta i kroppen. Ta med henne. Bättre att hon dör under transporten än i det här helvetet.” Det var ”min” SS-sjuksköterska som hade följt efter oss ut. Hennes ord avgjorde saken och jag bars ombord. Innan jag fördes in genom bussdörrarna strök hon mig över håret och sa: ”Jag avundas dig. Du åker till friheten.”

Det blev den sista transporten från Ravensbrück. Två dagar senare tvingade nazisterna ut de flesta av de kvarvarande fångarna på en dödsmarsch. Trots att deras land gick mot sin undergång hade de tid att så långt det var möjligt fullfölja sin ledares vision om den slutgiltiga lösningen. Många kvinnor dog på vägen och Rachel måste ha varit en av dem. Trots mina ansträngningar kunde jag inte återfinna henne efter kriget. Jag kommer aldrig att kunna tacka henne för att hon räddade mitt och mitt barns liv den där dagen i Ravensbrück.

Jag och de andra patienterna på bussen togs om hand av våra sjukvårdskunniga välgörare. Från resan minns jag nästan ingenting, men jag kommer ihåg vår ankomst till Malmö och att jag liggande på en bår bars av bussen.

Kvinnan från mitt sjukrum berättade att de var övertygade om att jag skulle dö under transporten. ”Du måste ha en otrolig livsvilja, annars hade du aldrig klarat dig", sa hon. Jag minns att jag tänkte att denna vilja att leva snarare gällde mitt ofödda barn än mig själv.

Jag kom till Sverige från Förintelsens mörker. Utifrån kan det te sig som om jag färdades från helvetet till paradiset, men det var inte så enkelt. Det är det aldrig. Jag förstod att ingen från min familj hade överlevt, men jag gjorde ändå flera försök att hitta dem, bland annat via Röda korsets arkiv i Bad Arolsen. Det var först då jag fick bekräftat att transporterna från Łódź 1942 hade lett raka vägen till döden och att mina föräldrar, min bror och min son var borta. Märkligt nog kändes bekräftelsen nästan som en lättnad, för innerst inne hade jag vetat att så var fallet.

Jag skrev också till min kära Beata men utan att få svar. Antagligen var hon också död.

Mitt barn föddes några dagar efter att vi kommit till Sverige. Det var en lätt förlossning, eller så hade jag bara vant mig vid kroppslig smärta och kunde uthärda hur mycket som helst. Från första stund, när de lade barnet i min famn, kändes det annorlunda än med Max. Den lille pojken var underbar, men gåvan var för stor. Jag kunde helt enkelt inte ta emot den. Jag var inte värdig att bli mor efter det jag hade gjort mot min förstfödde.

Några dagar senare fördes jag tillsammans med min nyfödde son till en förläggning i Östergötland, där de som överlevt kriget fick bo. Det var som att vistas på ett lyxhotell i jämförelse med hur vi hade haft det under kriget, även om vi sov sex personer i samma sal och huset inte var i bästa skick. Men maten, den underbara maten, förde oss gång på gång till himlen. Vi åt och åt tills vi trodde att vi skulle spricka. Länge smugglade vi med oss mat till våra rum, av rädsla för att vi nästa dag inte skulle få vår ranson.

Personalen blev snart orolig över min relation till barnet. De försökte få mig att amma honom, men inte en droppe mjölk kom ur mina bröst och slutligen fick de ge honom flaskan. Inte ens det klarade jag av. Han skrek och vägrade att äta när jag försökte, men blev helt lugn när jag gav honom till barnsköterskan som med van hand matade honom. Jag förstod att det var mitt eget fel; jag blev nervös och spänd så snart han låg i min famn. Men jag kunde inte hjälpa hur jag kände.

Jag hörde hur personalen viskade om mig. Troligen sa de att jag hade svårt att knyta an och att det nog berodde på allt det hemska jag hade upplevt under kriget. De visste att jag förlorat Max, men jag hade ingen tanke på att säga något mer. Jag hade bestämt mig för att aldrig berätta allt, inte för en levande själ. Du är följaktligen den förste som får höra hela historien om hur jag offrade min förstfödde son för en chans att överleva.

Efter en tid blev situationen ohållbar. Jag kunde inte längre vistas i samma rum som den lille pojken utan att få ångest. Han for illa och var ett oskyldigt offer för min oförmåga, det insåg jag, men hur jag skulle klara av att ta hand om honom begrep jag inte.

Till slut kom föreståndarinnan in och bad på tyska att få tala med mig. Hon tilltalade mig som fru Zylberberg. Någonstans på vägen till Sverige hade sjukvårdspersonalen frågat vad jag hette och tydligen hade jag uppgett mitt flicknamn. Jag tror inte att det hade varit ett medvetet beslut, men jag brydde mig aldrig om att ändra i de papper vi försågs med. På något sätt blev det en markering av att mitt liv med Adam och Max var borta för alltid.

Föreståndarinnan var som alltid bestämd men samtidigt vänlig. Jag tyckte om henne och förstod att hon var besjälad av en vilja att göra allt för oss, vilket inte minst hennes närvaro på förläggningen från tidig morgon till sen kväll visade. Hon var i trettiofemårsåldern, och jag antog att det var relativt ungt för att vara föreståndarinna. Vi gick genom korridoren till hennes rum där vi satte oss mittemot varandra på var sin sida om det stora skrivbordet. Hon förklarade att vi måste prata om mig och barnet.

”Du har inte ens gett pojken ett namn”, sa hon. ”Vad ska han heta?”

Jag ryckte på axlarna och svarade att jag inte visste.

”Har du någon uppfattning om vad vi bör göra?” Hon lutade sig fram över skrivbordet och jag minns att hon hade det blonda håret uppsatt i en stram knut. Tillsammans med hennes strikta klädsel gav det henne en formell framtoning som stod i kontrast till hennes fina ansiktsdrag.

Jag skakade på huvudet och visste inte vad jag skulle säga.

”Förr eller senare måste du visa att du verkligen vill ha det här barnet.”

”Jag vet inte”, sa jag.

”Vad är det du inte vet, om du vill ha barnet eller hur vi ska lösa problemet.”

”Jag vet inte om jag någonsin kan ta hand om honom.”

Föreståndarinnan lutade sig tillbaka på stolen och tittade bekymrat på mig.

”Jag kan givetvis inte ens föreställa mig vad du har gått igenom. Men om du vill berätta ska jag lyssna.”

Återigen skakade jag på huvudet och tänkte att även om jag talade till tidens slut skulle ingen förstå. Sedan frågade jag om hon hade barn. Hon svarade inte omedelbart och jag hann tänka att det kanske var en för personlig fråga att ställa innan hon sa: ”Nej, lyckan att hålla ett eget barn i mina armar har jag aldrig fått uppleva. Men jag har ett arbete som skänker mig stor glädje. Det är min uppgift i livet. Andras är att sätta små barn till världen.” Hon sa det med ett litet leende och utan bitterhet.

Vi satt tysta en stund. Sedan sa hon: ”Vi skulle kanske kunna ordnar en fosterfamilj åt din son. Då får du vila upp dig. När du sedan är stark nog kan du få tillbaka honom.”

Fosterfamilj visste jag vad det innebar, men det var ändå inte lösningen på mitt dilemma. Jag var övertygad om att jag aldrig, aldrig fick anförtros vårdnaden om min son. Inte efter det som hade hänt i Łódź. Jag var inte att lita på.

”Och om du efter en tid känner att du ändå inte vill, kan vi ordna med en adoption. Den möjligheten finns alltid”, sa föreståndarinnan och slog ner blicken, som om hon skämdes å mina vägnar.

Jag förstod med ens vad som måste göras. Det kändes enkelt och självklart och det enda konstiga var att jag inte hade tänkt på det tidigare.

”Adoption”, sa jag. ”Jag vill adoptera bort honom.”

Föreståndarinnan stirrade på mig och öppnade munnen för att säga något men stängde den snabbt igen.

”Jag vill det som är bäst för mitt barn”, sa jag. ”Han ska inte behöva lida för att jag inte förmår ge honom det han behöver. Hitta en fin familj åt min son så ska jag skriva på alla papper.”

Naturligtvis försökte hon övertala mig, men mitt beslut var fattat. Hon bad mig att fundera några dagar och för att hon inte skulle tro att jag hade förhastat mig gick jag med på betänketid, trots att jag visste att jag inte skulle ändra mig.

När lösningen var inom räckhåll blev allt lite lättare. Jag kunde ta upp pojken och till och med ge honom flaskan. Men de känslor han väckte hos mig var inte starkare än för vilket barn som helst. Troligen var det en skyddsmekanism. Att han skulle vara min son trängde inte igenom de känslomässiga murar jag byggt upp.

Tre dagar efter vårt möte knackade jag på föreståndarinnans dörr och blev insläppt. Jag förklarade att mitt beslut stod fast – jag ville adoptera bort mitt barn. Än en gång försökte hon övertala mig, men jag stod på mig och med en suck gav hon upp. Sedan sa hon att hon hade funderat lite och att hon kände ett par som var barnlöst och längtade efter ett barn. De hade planerat att adoptera och om jag ville kunde hon fråga dem om de var intresserade av att ta hand om pojken. Hon trodde att de skulle passa och så lade hon till: ”Barnavårdsnämnden är mycket noggrann med sekretessen, men jag vill ändå berätta att familjen har judisk anknytning.”

Omedelbart efter att hon hade uttalat dessa ord visste jag att det här skulle bli bra. Kanske skulle arvet från mina förfäder ändå kunna föras vidare.

Jag nickade ivrigt och föreståndarinnan förklarade att hon skulle fråga paret och om de var positiva skulle hon kontakta barnavårdsnämnden.

Knappt fem veckor senare hämtade en kvinna från barnavårdsnämnden mitt barn och jag skrev på de papper som godkände adoptionen. Hon förklarade att de blivande föräldrarna först skulle vara fosterföräldrar. När adoptionen gått igenom, vilket kunde ta upp till ett år, fanns det inga möjligheter för mig att få tillbaka barnet. Jag förklarade att jag inte skulle ångra mig.

Sista gången jag höll honom i mina armar tvekade jag ändå ett ögonblick, men det var nog bara naturligt. Jag visste alltför väl att mitt beslut var riktigt och efter att en sista gång ha beundrat min vackre pojke gav jag honom till kvinnan från barnavårdsnämnden som skulle ordna så att han kom till de föräldrar som skulle ha glädjen att se honom växa upp. Jag skildes på detta sätt från mitt andra barn.

På kvällen kom föreståndarinnan in i mitt rum och satte sig på sängen där jag låg med blicken fäst i taket. Hon tog min hand, tryckte den och sa att det här var något som jag skulle grubbla över många gånger, men att jag hade gjort något stort som satt mitt barns väl framför mitt eget. Om jag behövde hennes hjälp, nu eller i framtiden, skulle hon alltid finnas till hands.

Det var först när jag hade påbörjat min barnsköterskeutbildning några månader senare som smärtan började komma. Jag inser att det kan förefalla underligt att jag valde det yrket, med tanke på vad jag hade gjort mot mina egna barn. Eller så var det kanske den naturligaste sak i världen – den kärlek som jag inte hade kunnat ge till mina egna barn kunde jag istället slösa på andras. Eller som den judiske filosofen Martin Buber har formulerat det: ”Ty har tillvarons ordning tillfogats en skada kan den helas på obestämbart många andra platser, än där den tillfogades.”

Jag saknade mitt barn så ohyggligt. På nätterna kunde

jag ligga och tänka på hur det hade känts att hålla den lilla kroppen i mina armar. På dagarna kunde jag titta på andra små barn och undra hur min son såg ut numera, om han hade det bra, om han var älskad?

Ja, jag vet att dessa känslor borde ha kommit tidigare, men min enda förklaring är att jag någon gång under resan från Łódź getto till Sverige hade slutat tillåta mig att känna. Så måste det ha varit. Men trots saknaden vill jag understryka en sak: beslutet att ge bort min son var riktigt. Jag hade förverkat min rätt att vara mor.

Med tiden blev mina grubblerier allt svårare. Jag närvarade vid lektionerna men mina tankar var någon annanstans. Till slut blev jag inkallad till ett möte med rektorn där hon frågade rakt på sak om jag hade tänkt fullfölja mina studier, för i så fall krävdes det att jag ansträngde mig. Jag lovade att bättra mig och lyckades också slutföra den två terminer långa utbildningen med goda betyg, men när jag väl fått diplomet var det som om en avgrund öppnade sig framför mig. Allt jag kunde känna var en stor tomhet. Det som gav mig tröst, hur underligt det än kan låta, var att jag alltid hade möjligheten att avsluta mitt liv. Jag kunde fly in i den eviga tystnaden där inga förebråelser existerade.

Det var meningen att jag skulle börja arbeta på en barnsbördsklinik och jag hade flyttat till en liten lägenhet på Södermalm där jag bodde med två andra kvinnor. Jag kände dem inte alls väl, trots att vi hade gått i samma skola, men det passade mig, inte minst ekonomiskt.

På helgen innan jag skulle börja mitt nya arbete gjorde jag ett försök att avsluta det hela. Det var nog ansvaret för de små som knuffade mig över kanten – kunde en människa som jag anförtros vården om barn? Trots att jag hade tänkt på det otaliga gånger skedde det spontant och ganska ogenomtänkt.

En av mina rumskamrater fann mig i tid och jag blev magpumpad på Södersjukhuset. När jag låg på vårdavdelningen efteråt bestämde jag mig – jag skulle försöka ta reda på om min lille son hade det bra. Jag var medveten om att jag aldrig skulle få veta något via barnavårdsnämnden, deras sekretess var total. Min enda länk till pojken var föreståndarinnan på förläggningen. Men skulle hon berätta?

Innan jag lämnat förläggningen hade föreståndarinnan gett mig sitt telefonnummer och sin hemadress i Stockholm, där hon vanligtvis bodde. När jag en kväll ringde upp blev hon glad och sa att hon gärna ville träffa mig.

Vi möttes på ett konditori vid Norrmalmstorg lördagen därpå. Hon såg förtjusande ut i en ljusblå dräkt och med håret utsläppt, det var knappt att jag kunde se att det var samma person som tagit hand om oss på förläggningen. Den hade stängt strax efter att jag hade lämnat den och hon arbetade numera som föreståndarinna på ett vårdhem i Stockholm.

Hon kramade om mig innan vi satte oss ner och blev serverade kaffe och småkakor. Efter att ha berättat lite om mitt nuvarande liv förklarade jag att det fanns en särskild anledning till att jag ville ses. ”Det gäller min son. Jag ångrar mig inte, men jag måste få träffa honom och se att han mår bra. Innan dess kan jag inte känna mig lugn.”

Reaktionen var omedelbar. Hon stelnade till och stirrade på mig innan hon allvarligt förklarade att det var helt omöjligt. Adoptionen hade gått igenom några månader tidigare och paret betraktade nu min son som sitt eget barn. Hon skakade kraftigt på huvudet och jag såg rädslan i hennes ögon.

Jag lade handen på hennes och förklarade att jag inte skulle försöka ta tillbaka mitt barn. Jag ville bara se att han hade det bra. Men hon skakade åter på huvudet och sa att det var omöjligt. Till slut såg jag ingen annan utväg än att berätta att jag hade försökt avsluta mitt liv. Kanske var det fel av mig, för jag visste att hon hade ett gott hjärta och att hon ville mig väl, men jag var förtvivlad.

Hon satt tyst en lång stund. Sedan bad hon servitrisen om ett glas vatten som hon drack upp direkt. Hennes hand darrade när hon satte ner glaset. Hon tittade ner i bordet och sa: ”Om jag ska hjälpa dig måste jag kunna lita på dig, Hanna. Du måste svära på att du aldrig, aldrig kommer att berätta för någon att du är pojkens mor. Adoptivföräldrarna har bestämt att han ska växa upp i tron att han är deras son, de tänker inte berätta sanningen för honom. Om de fick reda på att jag lät hans mor träffa familjen skulle de aldrig förlåta mig.”

Jag nickade ivrigt och lovade att aldrig avslöja vår hemlighet.

”Det räcker inte”, sa hon med hård röst. ”Jag vill att du svär på ditt eget barns huvud att du inte berättar för adoptivföräldrarna vem du är.”

Jag lyfte handen i en gest som jag trodde motsvarade hur ett heligt löfte avges och sa: ”Jag kommer aldrig att avslöja för min sons adoptivföräldrar att jag är hans mor. Det svär jag på mitt barns huvud.”

Hon tittade mig i ögonen när jag uttalade dessa ord och sa sedan att det var lika bra att göra det så snart som möjligt. Hon hade bestämt träff med dem på Stureplan nästa dag, varifrån de gemensamt skulle åka till sitt föräldrahem. Ja, de var syskon, hon och adoptivmamman. Att höra det förvånade mig naturligtvis, men jag sa ingenting. Jag visste att adoptioner ibland förmedlades på ett informellt sätt till vänner och släktingar.

Jag skulle följa med till Stureplan som bekant till henne, sa hon, hälsa och tala med dem ett par minuter och sedan skulle vi skiljas åt, för alltid. Hon suckade och sa: ”Jag kommer att ångra det här. Det är fel och jag vet faktiskt inte varför jag gör det. Jag måste vara galen.”

Min första tanke var att det gick för snabbt. Jag var inte förberedd på ett möte. Samtidigt insåg jag att om jag tvekade skulle hon kunna ändra sig. När jag öppnade munnen var rösten stadig och jag försäkrade att jag skulle göra som hon sa. Vi betalade och reste oss, jag på darriga ben. Hon tog mig under armen och vi gick tillsammans till busshållplatsen. Innan jag klev på bussen sa hon att vi skulle träffas utanför konditoriet lite före klockan tolv. Därefter vände hon sig om och gick därifrån.

Jag sov inte en blund den natten och flera gånger under förmiddagen var jag nära att lyfta luren, ringa henne och säga att det nog inte var en så bra idé ändå. Men när klockan var kvart i tolv stod jag ändå utanför konditoriet på Norrmalmstorg och strax därpå anlände hon.

”Du glömmer väl inte ditt löfte, Hanna?” sa hon. Jag skakade stumt på huvudet.

Det tog oss bara några minuter att promenera till Stureplan. Väl där var jag tvungen att sätta mig på en bänk, så nervös var jag. Efter en stund knackade hon mig på axeln och sa: ”Där kommer de.” Jag reste mig och såg dem promenera emot oss: en lång och smal man med mörkt lockigt hår som tittade fram under hattens brätte, och bredvid honom hans blonda hustru. Kvinnan sköt en barnvagn med suffletten uppfälld och medan de hälsade på varandra kunde jag försiktigt smyga runt och se min son.

Han hade bruna ögon och mörkt hår och nästan genast fyrade han av ett leende. En känsla av djup samhörighet fyllde mig, och för ett ögonblick trädde Max drag fram i hans ansikte. Jag hade kunnat stå och titta på mitt barn i all evighet men så hörde jag en röst som sa: ”Det här är Hanna, en bekant till mig.” Jag tvingade mig själv att titta upp och mötte mannens sympatiska blick. Jag hälsade på honom och sedan på hans hustru som log vänligt mot mig. ”Vilket vackert barn”, sa jag, ”och jag har sett många.” Naturligtvis undrade de varför jag träffat så många barn och jag förklarade att jag precis avslutat min barnsköterskeutbildning. ”Alla barn är vackra på sitt sätt, men er son tar priset”, sa jag och pressade fram ett leende.

Vi småpratade en kort stund innan de sa att de var tvungna att ge sig iväg. Jag kastade en sista blick på mitt barn, som nu hade stoppat tummen i munnen, och sedan var de borta. Jag sjönk återigen ner på bänken, alltför svag för att kunna stå upp. Inombords härjade känslorna vilt, men jag minns att jag tänkte att föräldrarna verkade vara bra människor och att det av utseendet att döma var pappan som hade judisk anknytning. Plötsligt avbröts mina tankar av att någon sa mitt namn. Jag tittade förvånat upp och där stod min sons adoptivmor. Hon log och sa: ”Jag vill inte verka påflugen, men vår barnsköterska ska precis sluta och vi undrar om du med din utbildning skulle vara intresserad av att komma på en anställningsintervju? Madeleine trodde inte att du var det, men jag ville ändå fråga. När jag får för mig något brukar jag följa min instinkt.”

Detta kunde väl inte vara rätt, tänkte jag, men så hörde jag mig själv säga: ”Naturligtvis. Jag kommer gärna.” Hon skrev ner adressen på en papperslapp och bad mig att komma på måndagskvällen. Sedan gick hon därifrån med raska steg. Hennes höga klackar klapprade mot stenbeläggningen.

Ja, vad ska jag säga, det var väl ödet, antar jag. Och det var också vad jag sa till Madeleine när hon upprörd ringde mig på kvällen. Hon försökte naturligtvis övertala mig att avstå, men jag lovade bara att inte avslöja vem jag var, för det hade jag svurit på.

Nästa dag träffade jag familjen igen och de anställde mig. Så hamnade jag hos dina adoptivföräldrar, Marcus och Iris, och fick ta hand om dig, mitt eget barn. Liksom den av Faraos dotter adopterade Moses ammades av en kvinna som i själva verket var hans mor.

Jag vet inte om du redan innan du läste det här har förstått att du är adopterad. Jag vet inte heller om du i så fall visste att jag är din mor. Jag var noga med att Madeleine endast skulle ge dig det här brevet om du hamnade i en svår kris och denna kunskap kanske kunde ge dig de svar som du sökte. Ifall det inte behövdes skulle hon ta med sig kunskapen om brevet i graven, så var vår överenskommelse. Jag höll på detta sätt också mitt löfte till Madeleine, ett löfte som endast hon kunde bryta.

Jag vet att en dag kommer du att hålla det här brevet i dina händer. Kalla det en mors intuition eller vad du vill. Jag vet också att det kommer att bli till välsignelse för dig.

Så mycket mer återstår inte att säga. Den tid jag arbetade hos er var underbar. Tyvärr fick Marcus starka känslor för mig, känslor som under andra omständigheter kanske kunde ha varit besvarade. Men det enda som betydde något för mig just då var min son, du. När Iris bad mig att sluta hade inget hänt, ändå förstod jag varför hon uppfattade mig som ett hot. Jag var oerhört lycklig över att jag fick denna tid med dig, och oerhört sorgsen över att behöva lämna dig igen.

Efter att min leukemi upptäckts och jag fått veta att den var dödlig tog jag reda på var ni bodde och började åka till din skola för att få se dig på avstånd. Jag kände genast igen dig, vilket kanske inte var så konstigt eftersom du var det enda mörkhåriga barnet. Varje skymt jag fick av dig var gudasänd, så kändes det. Det var också där Marcus en dag upptäckte mig. Sedan ledde det ena till det andra och trots mina protester valde han att lämna er för att vårda mig den sista tiden. Jag ska erkänna att när han väl stod med sin väska utanför min dörr började jag mot allt förnuft hoppas på att jag därmed skulle ha möjlighet att träffa dig igen. Så blev det nu inte och jag kan inte annat än tycka att det är rättvist.

När jag skriver dessa rader vet jag att det inte är långt kvar. Madeleine har lovat att komma hit till sjukhuset och ta hand om brevet. Hon kommer sent och innan dess ska jag se till att skicka iväg Marcus så att de inte träffas. Kanske är det svårt att förstå att jag undanhöll även honom hemligheten om dig, men det löfte jag en gång gav Madeleine betraktar jag som heligt, vilket innebär att inte heller Iris vet.

Med brevet följer en bankbok. Det är dina pengar och jag vet att du kommer att använda dem på ett klokt sätt, att de kommer att hjälpa dig. Och en dag tror jag att du kommer att få reda på vem som gav mig dem.

Jag vill berätta en kort episod till innan jag lägger ifrån mig pennan för sista gången. Den dag jag återsåg din far kom jag till skolan och började som vanligt gå runt utanför skolområdet och spana efter dig. Jag befann mig på en äng bredvid skolans fotbollsplan, när jag hörde en röst som sa: ”Hej.” När jag vände mig om stod du där, med en fotboll under armen.

”Du får inte berätta att jag lämnat skolgården”, sa du, ”men jag var tvungen att hämta min boll.”

”Jag lovar”, sa jag och tittade på ditt så främmande och samtidigt välbekanta ansikte. ”Det ska bli vår hemlighet.” Då skrattade du mot mig, sträckte fram handen och sa: ”Bara din och min hemlighet.” Jag tryckte din varma hand och i nästa ögonblick var du på väg tillbaka över den låga muren. Väl över på andra sidan vände du dig om, höjde handen och vinkade till mig. Jag vinkade tillbaka och snart var du uppslukad av massan av skolbarn på gården. Det var sista gången jag såg dig, men minnet av vårt möte kommer jag att ta med mig in i döden, tillsammans med min förhoppning och tro att det kommer att gå dig väl i livet.

Med all min kärlek

Din mor Hanna

MADELEINE

1968

Solen sken igenom vardagsrummets fönster. I det starka ljuset kunde pudret inte dölja det finmaskiga nät av rynkor som numera omgav Iris ögon. Fängelsetiden hade satt sina spår, tänkte Madeleine sorgset. Både synliga och osynliga.

Iris hade ringt en timme tidigare. Det var dagen efter hennes frigivning från Hinseberg och Madeleine var hemma och väntade på samtalet. Iris lät upprörd och förvirrad, men sa bara att hon ville att Madeleine skulle komma dit.

När Iris öppnade dörren höll hon brevet i sin hand – Hannas brev. Med svag röst bad hon Madeleine om en enda sak, att få höra sanningen. Madeleine hade nästan fått leda henne till soffan i vardagsrummet innan hon slog sig ner för att berätta.

”Jag vet att du klandrar mig, att du tycker att systrar ska vara solidariska med varandra. Antagligen har du rätt, men du ska veta att det inte var av illvilja som jag undanhöll dig att Hanna var Andreas mamma. Tvärtom hade det varit den enklaste sak i världen att säga som det var. Visserligen hade jag då brutit mot tystnadsplikten, men å andra sidan hade jag redan brutit den då jag lät Hanna träffa Andreas.

Nej, Iris, jag prioriterade inte henne framför er, men det handlade om att rädda Hanna, som hade försökt att ta sitt liv. Kanske var det ett felaktigt beslut, men just då kändes det riktigt. Jag månade så oändligt mycket om henne som ju fått sin beskärda del av lidande. Men ja, jag erkänner att det var ogenomtänkt.

Du kommer säkert att bli ytterligare upprörd när du får höra vad mer jag har gjort. Var snäll och döm mig inte för hårt och kom ihåg att allt jag gjort har varit för Andreas bästa. Men jag ska inte gå händelserna i förväg. Efter att ha läst Hannas brev känner du till delar av hennes historia, så jag börjar där.

Jag träffade Hanna på förläggningen i Östergötland. Att hon hade överlevt resan från koncentrationslägret betraktades i det närmaste som ett mirakel av dem som hade åkt med bussarna. Vid ankomsten till Malmö hade hon lagt händerna på den gravida magen och sagt: 'Rädda mitt barn. Om ni måste välja, rädda mitt barn.' Vid den tidpunkten vägde hon bara trettiofem kilo, trots magen.

Hanna var en mycket speciell person, det märktes genast och intrycket förstärktes när vi började tala med varandra på bruten tyska. Hennes stora oro var att barnet skulle ha tagit skada av undernäring och sjukdom och vi försökte lugna henne med att näringsämnena i första hand gick till fostret som också var skyddat mot de flesta infektioner. Hon nickade och sa att hon hade fått samma svar tidigare, men att hon ändå var rädd.

Kort efter att Hanna och hennes son hade kommit till förläggningen märkte vi att hon hade svårt att knyta an till honom och efter en del diskussioner bestämde hon sig för att adoptera bort sitt barn. Det var då jag hörde av mig till er. Möjligen skulle jag ha berättat för er om barnets bakgrund, men som du vet är sekretessen absolut och jag ville så långt det var möjligt följa reglerna. Men när Hanna sedan ringde mig och bad att få se sitt barn kunde jag som sagt inte säga nej. Det kändes, mot allt förnuft, som om jag borde låta det ske och så fick det också bli.

När ni sedan ville anställa Hanna gjorde jag allt jag kunde för att förhindra detta. Men ni var ju så angelägna om att anlita henne att ni struntade i vad jag tyckte. Och Hanna brydde sig inte heller om mina övertalningsförsök. Jag antar att det var meningen att hon skulle få vara med sitt barn, om så bara för en tid.

Givetvis var det svårt att hålla masken när jag träffade Hanna hemma hos er. Hon och jag var överens om att låtsas att vår påstådda bekantskap var av det ytliga slaget. Vi talade med varandra men om trivialiteter. Några gånger, när vi var ensamma, sa jag till henne att hon måste säga upp sig. Varje gång svarade hon på samma sätt: 'Jag vet att jag borde, men jag kan inte förmå mig att göra det.'

Det var när jag upptäckte hur Marcus tittade på Hanna som jag äntligen fann en utväg. Jag insåg att det var ett skäl lika gott som något för att få slut på det förljugna spel som ni ingick i. Du verkade fullkomligt omedveten om att din man höll på att kära ner sig i er barnsköterska, men några välavvägda kommentarer från min sida fick dig att börja tänka i rätt banor. Mitt förslag att du skulle påstå att du var med barn gav ju också resultat. Jag visste, efter alla era år av fruktlösa försök, att Marcus aldrig skulle lämna dig om du var gravid.

Att Hanna efter så många år skulle bli sjuk och dyka

upp igen hade jag aldrig kunnat ana. Och att det skulle leda till att ert äktenskap sprack kunde jag ännu mindre föreställa mig. Jag önskar att du hade lyssnat på mig och förlåtit Marcus, om inte annat för Andreas skull. Men varken du eller Marcus tycktes ha det minsta intresse av att försonas.

Jag var Hannas vän ända fram till hennes död. Hon ringde mig redan några dagar efter att hon lämnat er och vi träffades. Jag hade naturligtvis dåligt samvete för att jag gjort så att hon tvingats sluta. Du vet ju hur jag är – ständiga självförebråelser.

Jag var orolig för att Hanna åter skulle vilja avsluta sitt liv när hon inte längre fick träffa sin son. Till min lättnad möttes jag av en annan Hanna än jag hade väntat mig. Naturligtvis var hon förtvivlad men samtidigt påfallande glad över att ha fått denna tid med Andreas. Hanna hade en livsgnista som var starkare än jag någonsin hade förstått. Hon sa: 'Jag vet att min Andreas har det bra och kanske kommer ödet att se till att vi möts igen i framtiden. Det känns som om allt är möjligt.'

Om sanningen ska fram, och det ska den ju, blev Hanna en av mina närmaste vänner. Även om omständigheterna gjorde det omöjligt för oss att träffas så ofta, har jag haft några av de finaste samtalen i mitt liv med denna märkliga kvinna. Det dåliga samvetet spelade en viss roll i början, men med tiden kom jag att älska Hanna för den hon var.

Ja, jag vet. Jag gick bakom din rygg. Det finns inga ursäkter och jag kan bara vädja till din förståelse. Och om jag hade tvingats välja hade det varit enkelt. Jag hade valt dig.

Hanna berättade för mig om sin sjukdom dagen efter

att hon hade fått den slutgiltiga diagnosen. Vi grät tillsammans över livets orättvisa, men det var också den enda gången jag såg henne gråta. Hon förlikade sig snabbt med sitt öde, och med tanke på hur många gånger hon undgått döden tidigare i sitt liv tyckte hon inte att det var svårt eller särskilt sorgligt att det nu snart skulle vara över.

När Marcus bestämde sig för att stanna hos Hanna till slutet, tillät hon detta. Det krävdes en hel del övertalning från hans sida, men det som slutligen övertygade henne var hoppet om att få träffa Andreas igen. Ett fåfängt hopp visade det sig. Under den korta tid de fick tillsammans växte trots allt en innerlighet fram mellan dem.

Jag träffade dem bara en gång, ett slumpmässigt möte i en park, men fick intrycket att Marcus kärlek kom som en välsignelse mot slutet av Hannas alltför korta liv.

Du ler. Om du hade hört mig säga det här då, hade du blivit galen av ilska. Mycket har hänt med dig under de senaste åren, det syns i dina ögon. Och jag vet att du vet att jag aldrig ville dig något ont. Du kommer alltid att vara min älskade syster.

Jag var hela tiden livrädd att min vänskap med Hanna skulle förstöra din och min relation, det var därför vi smög med den. Men det var inte det enda jag smög med. Vid vårt sista möte, då hon gav mig brevet till Andreas, bad hon mig också om något annat, nämligen att jag skulle vaka över Andreas så länge jag levde och att jag alltid, vad som än hände, skulle ha hans bästa för ögonen. Jag lovade.

Sedan gick det flera år och jag gjorde mitt bästa för att stötta dig och hjälpa Andreas i de allt större svårigheter han hamnade i. Jag hade hela tiden en känsla av att jag inte till fullo uppfyllde mitt löfte till Hanna, men samtidigt anade jag att jag förr eller senare skulle få möjlighet att göra det.

Då du ringde den där kvällen och bad mig komma hem till er för att se till Andreas visste jag att det var dags. Och från och med den stunden hade jag märkligt nog lovat hans biologiska mor och hans adoptivmamma samma sak – att ta hand om honom.

Det var nog lika bra att jag inte visste vad som hade skett förrän polisen förhörde mig. Jag skulle aldrig ha kunnat spela så chockad som jag blev när de berättade. Efter den första förvirringen förstod jag att du var oskyldig till mordet, men jag trodde istället att Andreas själv hade dödat sin far. Några dagar senare berättade han vad som hade skett.

Jag måste säga att du gjorde något verkligt stort för din son. Bara jag och Andreas vet sanningen om ditt hjältedåd. Det är lätt att göra goda gärningar när hela världen jublar. Men du gjorde det och fick enbart fördömanden som tack.

Andreas var fruktansvärt nedgången tiden efter att du hade gripits. Gång på gång ville han ange sig själv för polisen och berätta vad som verkligen hade hänt, men jag hindrade honom. Jag förklarade att det inte bara handlade om att han själv skulle dömas till fängelse, han skulle även tvingas ange sina medbrottslingar, vilket skulle få ännu värre konsekvenser för hans del.

Ganska snart kröp det fram varför Andreas skulle hjälpa till att råna Marcus fotoaffär. När han berättade om sina problem rann svetten över hans ansikte, så rädd var han. Andreas hade vid ett tillfälle gömt narkotika åt sin knarklangare. Han hade pratat bredvid mun och en dag var allt borta. Knarklangaren upptäckte det, blev vansinnig och krävde Andreas på det som narkotikan var värd. Om han inte ordnade fram pengarna skulle de döda honom. Så Andreas föreslog att de skulle råna fotobutiken, som en avbetalning. Det planerade mötet med Marcus hade kommit i precis rätt tid, sa han. Men nu hade han fortfarande skulden obetald och det handlade om stora pengar. 'De kommer att döda mig', sa han och darrade i hela kroppen.

Det var då jag gav honom Hannas brev, det som hon hade skrivit så många år tidigare. Av någon anledning hade jag tagit ut det ur kassaskåpet och burit det med mig i handväskan efter ditt telefonsamtal. Jag öppnade kuvertet och gav Andreas bankboken som låg däri. Han spärrade upp ögonen när han såg beloppet och sedan försökte han naturligtvis säga att han inte kunde ta emot pengar från mig. Det tog en stund innan jag lyckades få honom att förstå att pengarna inte var mina utan hans – att det fanns någon som för många år sedan hade avsatt detta belopp till honom och att han skulle förstå när han hade läst igenom brevet.

Beslutet att låta Andreas läsa Hannas brev var både lätt och svårt. Svårt för att det skulle bli en chock för honom att inse att han var adopterad och att hans mor var en judisk flykting från Polen, som en kort period arbetat i hans hem. Blotta vetskapen att han hade träffat sin mamma, och att det var samma person som enligt hans mening stulit hans pappa ifrån honom, kunde bli en tung börda att bära. Samtidigt hoppades jag att sanningen skulle verka läkande.

Nåväl, jag kunde ha resonerat fram och tillbaka hur länge som helst utan att få ett säkert svar. Men jag följde till slut Hannas tanke om att det skulle komma ett tillfälle när det skulle bli Andreas räddning att få brevet.

Det tog honom flera dagar att läsa brevet. Kanske anade han vad det skulle stå i det, för han orkade bara med ett par sidor åt gången. Jag hade flyttat in till honom i villan då och insisterade på att vara hemma när han läste brevet. Eftersom jag arbetade på dagarna fick han göra det på kvällarna. Andreas läste lite och sedan grät han, sedan läste han lite till. Därefter satt vi och talade med varandra till långt in på natten.

En dag ringde han mig på jobbet och sa att han trots vår överenskommelse nu skulle läsa de sista sidorna ensam. Jag åkte hem till honom så snart jag kunde och trodde att jag skulle finna Andreas upplöst i tårar. Så blev det inte. Tvärtom såg han för första gången på flera år stark och säker ut.

Han hade kokat te åt oss och ville att vi skulle sätta oss i vardagsrummet. I soffan med kopparna framför oss sa han att han först av allt ville tacka mig för att jag hade gett honom brevet. 'I många år har jag känt mig utanför och annorlunda, i skolan, bland vänner och i min egen familj. Nu vet jag varför. Jag är ledsen att jag inte fick träffa min mamma på riktigt, men jag har bestämt mig för att se framåt. Kanske är jag den siste överlevande i vår släkt. Det är ett stort ansvar.'

Jag tror inte att jag gapade, men det kändes så. Den hjälplöshet och aggressivitet Andreas tidigare visat upp var som bortblåst. Den person som satt bredvid mig nu var en helt annan än den jag hade sagt hej då till på morgonen.

'Vad vill du göra?' sa jag efter en stunds tystnad.

'Jag ska få ordning på mitt liv. Det är jag skyldig mina

mammor. Först vill jag skaffa mig en utbildning, och när jag känner mig redo ska jag söka mina rötter.'

Jag nickade och tänkte att Hanna måste ha varit synsk. Kanske är det sådant som kallas modersinstinkt.

'Jag ska hjälpa dig', sa jag. 'Jag kommer att finnas vid din sida, vilka beslut du än fattar.'

Han kramade om mig och efter att ha burit ut kopparna i köket gick han in i sitt rum. Samtalet var avslutat för denna gång och jag förstod att något stort hade hänt.

Ett par dagar senare löste Andreas sina mellanhavanden med knarklangaren genom att ge honom en del av det belopp som fanns på bankkontot. Resten flyttade han till ett konto där han bara kunde lyfta en bestämd summa varje månad under de närmaste fem åren. 'Det är för att vara säker på att jag inte gör något dumt med pengarna', sa han.

Jag var så stolt när Andreas läste in sin studentexamen med toppbetyg och sedan började på Handelshögskolan. Så vitt jag vet träffar han inte några av sina tidigare vänner. Han har utvecklats till en fin människa, mild och omtänksam och med massor av integritet. Det är inte bara jag som har mycket gott att säga om Andreas i dag."

Madeleine tittade på Iris som satt framåtlutad med armarna runt kroppen. Ett ögonblick trodde hon att systern hade ont, men sedan såg hon det lilla leendet. Långsamt reste sig Iris och sträckte mjukt på kroppen innan hon gick de få stegen fram till Madeleine, lutade sig fram och rörde vid hennes panna med sina läppar. Därefter gick hon tillbaka och sjönk ner i soffan som om alla hennes krafter hade sinat.

Madeleine fick svälja flera gånger innan hon kunde fortsätta:

”Låt mig nu berätta vad som har hänt den sista tiden. Jag vet att du kanske tänker att det inte var min sak, men du bad mig ta hand om Andreas och då tänkte jag också göra det. Det har med Hannas brev att göra.

Jag hade inte läst brevet då Andreas fick det av mig, men ett par veckor senare gav han det till mig och bad mig läsa det. När jag lade det ifrån mig var jag skakad av dess innehåll, som jag tidigare bara hade känt till i grova drag. Men jag fick även en känsla av att något inte stämde, något som jag inte kunde sätta fingret på. Jag läste igenom brevet flera gånger utan att förstå vad det var. Sedan lät jag det bero, men för några månader sedan återvände tankarna till det mystiska med brevet. Sent en natt när jag hade legat och grubblat en lång stund och äntligen höll på att somna slog det mig plötsligt. Kraften i tanken var så stark att jag satte mig rakt upp i sängen.

Jag ska snart säga vad det var, Iris. Det är några andra saker som jag vill berätta först.

Frågan var vad jag skulle göra härnäst. Efter att ha funderat beslutade jag mig för att på allvar försöka ta reda på om någon av Hannas släktingar fanns i livet. Hanna hade utan framgång försökt redan när hon anlände till Sverige, men det var ganska snart efter krigsslutet och registren var ofullständiga. Jag antog att förutsättningarna var bättre nu. Åtminstone var det värt ett försök.

Naturligtvis gjorde jag detta för Andreas skull, jag trodde att hans känsla av rotlöshet skulle kunna stillas om jag fann att han hade familjemedlemmar i livet. För att inte göra honom besviken om jag misslyckades valde jag att inte säga något.

Det var ingen enkel uppgift jag hade åtagit mig. Men med hjälp av de kontakter jag hade knutit då jag arbetade på förläggningen lyckades jag efter en del arbete återfinna de papper Hanna hade sänt in till Röda korsets sökcentral. Med dessa papper i handen gick jag vidare till tyska arkiv över fångar som anlänt till koncentrations- och dödslägren.

Nazisterna hade ett underligt kynne. Samtidigt som de urskillningslöst dödade miljontals människor upprättade de metodiskt och noggrant register över fångarna. Där kan man finna namn, födelsedatum, yrke, transporter, dödsdatum och dödsorsak. Med hjälp av de upplysningarna kan man sedan följa vad som hände med individuella offer för nazisternas framfart. Alltihop håller nu på att samlas in av Förintelsemuseet i Jerusalem, Yad Vashem, och även om mycket saknas är uppgifterna om döda i arkivet korrekta. Jag hörde också av mig till Röda korsets arkiv i Bad Arolsen där det gick att söka efter dem som hade överlevt.

Jag fick snabbt bekräftat att Hannas föräldrar och bror hade avrättats i dödslägret Chełmno, kort efter att de lämnat Łódź. Jag visste sedan tidigare att tyskarna hade använt sig av en speciell sorts lastbil med avgasrör som hade letts in i lastutrymmet där fångarna vistades. Under färden till krematorierna hade alla dött av kolmonoxiden. Det var 'bara' för de fångar som arbetade åt nazisterna att tömma fordonen och föra in den fruktansvärda lasten till krematoriernas ugnar, där den brändes till aska. Även Hannas tvåårige son Max hade avrättats samma dag. Jag, som aldrig brukar be, bad en stilla bön att han hade fått vara tillsammans med sina morföräldrar till slutet.

Med Adam, Hannas man, var det inte lika enkelt, men efter en tids sökande fann jag hans namn bland dem som hade förts till Auschwitz i juli 1944. Han hade omedelbart dödats i gaskamrarna.

Jag sökte vidare bland de namn som stod på Hannas lista med anhöriga och överallt slutade sökandet i att de hade dött, antingen i olika dödsläger eller på grund av svält och sjukdomar. Till slut fanns bara ett namn kvar på min lista: Hannas syster Rachel. Att få upplysningar om Rachel verkade omöjligt. Jag visste ju att hon sannolikt hade tvingats iväg på en dödsmarsch, men det var också allt. Många av dem som gick i dessa marscher lämnades bara vid vägkanten när de inte orkade längre, efter att de tyska soldaterna, plikttrogna in i det sista, hade avrättat dem med ett skott i huvudet.

Efter ytterligare efterforskningar kom jag fram till att Rachel möjligen kunde ha tillhört någon av de grupper av fångar från Ravensbrück som befriades av ryssarna några dagar efter att dödsmarschen hade inletts. Men det kunde inte bekräftas och några fler spår av henne fann jag inte. Även om hon hade överlevt marschen kunde hon mycket väl ha dött kort efter befrielsen, ett öde som drabbade många av de undernärda fångarna.

Jag hade slut på idéer och var nära att ge upp när jag bestämde mig för att ringa till en judisk familj som jag haft lite kontakt med när jag bodde i Vällingby – vi bodde i samma trappuppgång. Båda föräldrarna var överlevande från Förintelsen. De var läkare och hette Einhorn. Det var inga problem att finna deras namn i telefonkatalogen – de bodde numera i Danderyd. När jag ringde upp svarade en barnsköterska vid namn Margit, som berättade att de båda skulle komma hem vid femtiden på eftermiddagen. Senare samma dag ringde jag igen och då jag berättade att jag sökte efter en person som försvunnit under Förintelsen, svarade Nina att jag var välkommen hem till dem nästa kväll.

Jag åkte dit och hann även träffa deras barn, en flicka och en pojke som ärligt talat var ganska vilda. Men jag tänkte att det kanske inte var helt lätt att växa upp med föräldrar som överlevt helvetet på jorden.

När barnen efter högljudda protester hade lagt sig satte vi oss i vardagsrummet och jag redogjorde för mina efterforskningar. Jerzy, som är en man med mild framtoning, sa att det mest sannolika stället att finna någon var det mest självklara, och Nina tillade att de flesta som hade överlevt återvände till den stad som de kom ifrån för att söka efter anhöriga. 'Åk till Łódź och sök där. Om Rachel överlevde finns det säkert någon där som vet om hon kom tillbaka, även om hon inte stannade.'

Nina berättade att hon själv hade bott i Łódź före kriget och att hon och hennes bror hade återvänt dit vid krigsslutet. 'Det fanns mer än tvåhundra tusen judar i Łódź före kriget och flera tusen av dem överlevde. Och det tack vare Judiska rådets samarbete med tyskarna, det samarbete som har blivit så kritiserat.' Nina tystnade en stund innan hon fortsatte: 'Det är alltid lättare att kritisera än att förstå.' Jerzy nickade och jag tänkte att de enda som kunde förstå var de som hade varit där.

'Kanske fanns ändå Rachel bland dem som överlevde', fortsatte Nina. 'Det rådde kaos när Hanna letade efter sina anhöriga och många tvärsäkra uppgifter som lämnades visade sig senare vara felaktiga. Och hursomhelst är det alltid bättre att försöka än att resten av sitt liv fundera över varför man inte gjorde någonting.'

Jag satt kvar en stund och samtalade med dem, men då Jerzy ursäktade sig och sa att han var tvungen att förbereda en föreläsning tackade jag och åkte hem.

Ja, jag insåg att det nästan var hopplöst men jag bestämde mig ändå för att försöka, så jag ansökte om visum för att resa till Polen. Efter några veckor fick jag besked om att det hade beviljats. Jag tog några dagar ledigt, bokade flygresan och ställde in mig på att det inte skulle ge något.

För lite över en månad sedan reste jag så till Polen. Jag hade bara ett mål och det var Łódź, som låg ungefär tre timmars bussresa från Warszawa dit jag anlände med flyget. Så fort jag kom in i flygterminalen slogs jag av stämningen. Det går egentligen inte att beskriva, men det var som om det fanns en gråhet i luften. Den strålade ut från väggar och tak, från de uniformer som det fanns så gott om, de blanketter som jag var tvungen att fylla i, men kanske mest från de ansikten som mötte mig. Jag hade hört talas om hur det var i det Östeuropa som styrdes av kommunisterna i Moskva – det var något helt annat att uppleva det i verkligheten.

Jag tillbringade natten på ett av stadens finare hotell, som definitivt hade sett bättre dagar. I rummet fanns ett handfat med en kran som droppade obarmhärtigt och när jag ringde ner till receptionen för att få hjälp var det ingen som förstod vare sig tyska eller engelska, eller det var i alla fall vad de påstod. Det enda jag kunde göra var att lägga kudden över huvudet för att försöka undgå det alltmer enerverande ljudet.

Nästa morgon satt jag utvakad på den skakiga bussen till Łódź. I mitt huvud hördes fortfarande det eviga droppandet, vilket ackompanjerade mina tankar på vad som nu skulle ske.

Mosaiska församlingen i Stockholm hade hjälpt mig att

hitta en tolk och även gett mig adressen till den judiska församlingen i staden – den spillra av judiskt liv som fanns kvar i Łódź. En del av judarna hade bott i Łódź hela gettoperioden och befriats av ryssarna 1945. Andra hade återvänt efter att ha tillbringat kriget i koncentrations- och arbetsläger. Ett fåtal hade överlevt kriget med falsk identitet.

Tolken var en behaglig kvinna i fyrtioårsåldern som talade perfekt svenska men aldrig hade fått tillstånd att besöka Sverige. 'De ser det väl som en självklarhet att jag skulle hoppa av eftersom jag talar språket, trots att jag har man och två barn här i Łódź', sa Iréna, som hon hette. Eftersom Iréna kände till syftet med mitt besök hade hon i förväg hört av sig till flera judiska personer som hade bott i Łódź före kriget. Dem fick jag nu träffa. Flera av dem mindes Hannas familj, men ingen kunde dra sig till minnes att någon i familjen hade återvänt efter kriget. Sedan dök namnet Beata Bigos upp för första gången.

En man som hade bott i samma kvarter som familjen berättade att de innan gettot bildades hade haft en hushållerska, en kristen kvinna som arbetat hos dem i decennier. Han kunde dra sig till minnes att han hade sett henne vid några tillfällen efter kriget, men den senaste gången måste ha varit för över tio år sedan, så den gamla kvinnan kunde mycket väl vara död vid det här laget. Men om någon från familjen återvänt hade de med säkerhet sökt upp Beata Bigos. Hon var som en familjemedlem, berättade han.

Jag mindes namnet Beata från Hannas brev, och att Hanna utan framgång hade sökt henne efter kriget. Men om mannen hade rätt och Beata hade överlevt var det värt ett försök.

Beväpnad med en papperslapp med hennes namn gick jag tillsammans med tolken till stadsförvaltningen för att söka efter Beata. Det fanns två personer med det namnet i Łódź, men bara en av dem var tillräckligt gammal för att kunna vara rätt Beata Bigos. Hon befann sig i så fall på ett ålderdomshem strax utanför staden.

Vi åkte genast dit och när kvinnan i receptionen fick höra vårt ärende ringde hon efter en sjuksköterska. Som så ofta i det katolska Polen var det nunnor som drev hemmet och efter en liten stund kom en nunna med pigga ögon fram till oss. Hon presenterade sig som syster Agnes och berättade att Beata Bigos mycket riktigt bodde där. När vi bad att få tala med henne skakade sjuksköterskan leende på huvudet och sa: 'Ni kan få besöka henne, men tala med henne går inte. Hon har inte pratat sedan hon fick sin senaste hjärnblödning.'

Hon följde oss till Beatas rum och i sängen fann vi en gråhårig kvinna som låg på sidan och stirrade ut i luften. När Iréna försökte tala med henne reagerade hon genom att lyfta lite på huvudet. Sedan sjönk hon tillbaka mot kudden och slöt ögonen.

'Så har det varit i ett år nu', sa syster Agnes. 'Vi har flera gånger trott att Beata skulle lämna oss, men hon har en stark livsvilja den gamla damen.' Hon tystnade och tillade sedan: 'Det är fint att ni har kommit för att hälsa på henne. Hon har inga barn och har faktiskt inte haft besök på många år. Hennes syster bodde också här en period, men hon dog för många år sedan. Även om Beata inte säger något kan hon kanske ana att ni är här för hennes skull.'

Jag tittade mig omkring och insåg att Beata låg i ett välstädat enkelrum med vackra gardiner vid fönstret, som vette mot en park. På väggen hängde några madonnabilder och ett krucifix och på golvet låg en vacker om än lite sliten matta. Vi hade passerat salar där det fanns åtta till tio sängar, varav de flesta var upptagna trots att det var mitt på dagen. Väggarna i rummen var kala förutom de eviga madonnabilderna och fönstren saknade gardiner. I korridoren hasade boende fram i ljusblå urtvättade kläder medan de få sjuksköterskorna inte verkade kunna ta hand om alla.

'Fråga henne varför Beata bor så fint', sa jag till Iréna, som översatte mina ord. Syster Agnes blev generad och skakade på huvudet medan hon talade.

'Det är tack vare privata pengar och våra givares namn får inte lämnas ut', översatte Iréna.

'Fråga i så fall vem som skrev till eller besökte Beata senast?'

Sjuksköterskan verkade för ett ögonblick förvånad innan hon svarade.

'Hon säger att du tydligen redan förstår, så hon kan bara bekräfta att det är samma person som har sett till att Beata haft det bra under sin vistelse här', berättade Iréna.

'Och vem är den personen?' sa jag, men Irénas översättning gav bara upphov till ytterligare en huvudskakning.

Jag tänkte efter och med blicken fäst på syster Agnes bad jag sedan Iréna att översätta det jag sa ordagrant. 'Jag vill göra en donation till ålderdomshemmet. Jag har pengarna med mig och kommer att ge dem till er när vi kommer tillbaka till receptionen.' Medan Iréna översatte fortsatte jag att titta sjuksköterskan rakt i ögonen. Efter en kort tvekan nickade hon mot mig och ett litet leende syntes på hennes läppar.

Väl tillbaka på expeditionen överlämnade jag hundra dollar, en ofantlig summa i Polen. Syster Agnes ropade till sig två andra sjuksköterskor som vittnen och försäkrade oss att pengarna verkligen skulle användas på ålderdomshemmet.

Nunnorna log när de förstod att hemmet hade fått en gåva och skakade båda min hand. Därefter lämnade de oss ensamma med syster Agnes som stod stilla mitt i rummet med knäppta händer. Vi stod vända mot varandra en lång stund innan hon mumlade några ord och gjorde korstecknet. Hon tog ett par steg framåt och omfamnade mig lätt. Iréna berättade att hon just hade välsignat mig.

Därefter bad syster Agnes oss vänta en liten stund och försvann in i rummet bredvid. Hon kom tillbaka efter ett par minuter och gav mig ett kvitto. Iréna förklarade att jag kunde behöva det om tullen kontrollerade hur mycket pengar jag hade gjort av med under min vistelse i landet. Sedan bugade sig nunnan med de pigga ögonen, vände om och försvann bort i korridoren.

Det var inte förrän vi satt i taxin på väg mot centrala Łódź som jag vände på kvittot och läste den blyertsanteckning som fanns på baksidan. Där stod det, med små och prydliga bokstäver:

Rachel Weissman
Kibbutz Bet Alfa
Bet Shean
Israel

Naturligtvis kunde det vara ett sammanträffande att den som betalade för Beatas vård hade samma förnamn som

Hannas syster, men de rysningar som gick igenom min kropp sa mig att det inte var en slump.

Så snart jag återvänt till Sverige skrev jag följaktligen till Rachel Weissman och frågade om hennes flicknamn var Zylberberg och väntade sedan oroligt på svar. Efter en månad väntade jag fortfarande. Jag började oroa mig för att Rachel helt enkelt inte hade brytt sig om att svara. Jag hade ju inte angett något skäl till att jag skrev till henne.

Igår när Andreas skulle möta dig utanför fängelset bestämde jag mig för att försöka slutföra sökandet innan vi träffades. På eftermiddagen ringde jag därför Israels ambassad för att fråga om jag på något sätt hade missuppfattat adressen. Kanske fanns det ingen Kibbutz Bet Alfa? Av en stressad tjänsteman fick jag beskedet att detta kollektivjordbruk existerade. 'Postgången fungerar inte alltid så du kan ju prova att ringa', sa han. 'Jag kan ge dig numret till kibbutzen om du vill, även om det egentligen inte är mitt jobb att förse människor med telefonnummer i Israel.' Jag svarade att jag skulle vara tacksam om han kunde ordna fram det och med en djup suck bad han mig att vänta. Efter någon minut återkom han med numret och föreslog även en viss tid då jag skulle ringa. 'Då äter de flesta middag på kibbutzer', sa han. Sedan önskade han mig lycka till och utan att vänta på svar lade han på.

Jag ringde numret den föreslagna tiden och efter ett par signaler svarade en raspig kvinnlig röst i den andra änden. 'Yes. I would like to speak to Rachel Weissman', sa jag på min bästa skolengelska. 'Rak rega', sa kvinnan och det blev tyst i luren. Efter en evighet hördes en ny kvinnoröst: 'Ken.' Jag tog mod till mig och sa: 'Excuse me, but are you Rachel Zylberberg from Łódź?'

Det blev alldeles tyst. Sedan drog kvinnan efter andan innan hon svarade: 'No one has called me that for a long time. Who are you?' Golvet gungade till under mina fötter och jag tänkte: Det är hon. Det är Hannas syster. Hon lever!

Jag presenterade mig, förklarade att jag var från Sverige och att jag hade arbetat med att ta emot överlevande från Förintelsen. 'Ja, jag förstår', svarade Rachel. 'Min syster Hanna skulle transporteras till Sverige med de vita bussarna. Jag fick veta att hon aldrig kom fram. Så tragiskt, efter att ha uthärdat flera år av umbäranden dör hon så nära befrielsen. Jag har sörjt henne i många år. Hon var en fantastisk människa, min Hannele.' Jag hörde att rösten darrade och jag förstod inte hur jag skulle kunna berätta för henne att Hanna hade överlevt transporten, men dött senare, i sin tur ovetande om att Rachel levde.

Till slut sa jag: 'Nej, din syster lever inte längre, men det gör hennes son. Han överlevde och bor i Sverige.' Först hördes bara tystnad, sedan ett buller som om luren hade fallit i golvet. Upphetsade röster talade med varandra på hebreiska innan den raspiga kvinnorösten som hade svarat återkom: 'Det här är telefonisten på Kibbutz Bet Alfa. Fru Weissman blev yr i huvudet och måste sätta sig ner, men hon mår bättre nu. Om ni väntar lite kommer hon tillbaka till telefonen.'

Naturligtvis kände jag mig skyldig för att på detta sätt ha överraskat Rachel, men jag visste inte om det fanns ett bättre sätt att berätta hur det låg till, och jag hade ju fortfarande inte avslöjat att Hanna hade levt i nästan nio år efter krigsslutet.

Efter en stund hörde jag åter Rachels röst i luren.

Hon bad om ursäkt, men hon hade blivit så chockad av beskedet att Hannas barn hade överlevt. 'Han är ju mitt älskade syskonbarn och min dotters enda kusin! Vi är en så liten familj. Det här är fantastiskt.' Det gick inte att ta miste på den lycka som strömmade emot mig ur telefonen. Hennes röst gick nästan upp i falsett: 'Vi ska tala med kibbutzledningen om att de ska betala er resa så att ni kan komma hit. Jag vill träffa mitt syskonbarn, och er, som gett mig denna gåva. Gud välsignelse er!'

Jag svarade att jag inte förväntade mig att få resan betald och att jag först var tvungen att tala med Andreas och hans adoptivmor. Sedan skulle vi komma och besöka dem. Rachel grät nu okontrollerat och jag märkte själv hur tårarna rann nedför mina kinder. Med löfte om att höra av mig snart avslutade jag samtalet och det sista jag hörde var Rachels ord: 'God bless you, Madeleine. God bless you.'

Jag tänkte prata med Andreas i kväll, men först ville jag tala om det för dig. Det är nästan som ett mirakel att Andreas har fått en andra familj och jag ser på dig att du också är lycklig över det. Nej, börja inte gråta du också! Det räcker med tårar för ett tag.

Och ja, jag ska förklara vad jag insåg när jag läste Hannas brev. Men nu låter det som om det är någon utanför dörren. Det måste väl vara Andreas? Jag får berätta det för er båda på en och samma gång. Jag hade velat förbereda dig, så att vi båda skulle kunna stötta honom, men nu får det bli så här istället.

Vi sitter i vardagsrummet, Andreas! Kom hit, jag har saker att berätta för dig!

ANDREAS

1970

Mannen bakom det enorma skrivbordet var i sextioårsåldern. Ansiktet var runt med buskiga ögonbryn som gav honom ett lätt ovårdat utseende, vilket stod i kontrast till den välskurna kostymen och det pomadakammade gråsprängda håret. Andreas studerade honom. Han kunde inte bestämma sig för om mannen såg målmedveten eller sträng ut.

Han tvekade lite. Det skulle vara så lätt att bara avsluta mötet och avstå från konfrontation. Resa sig upp, säga att han begått ett misstag och lämna rummet för att ta hissen ner från kontoret som låg högt upp i ett av Kungstornen i centrala Stockholm. Sedan skulle han kunna fortsätta sitt liv som om ingenting hänt.

Han såg att mannen började trumma med fingrarna mot bordsskivan för att markera sin otålighet. Gesten fick rädslan att försvinna. Under ytan kände Andreas den stilla vreden. Han tog ett djupt andetag.

”Jag vill tacka er för att ni har tagit emot mig. Jag förstår att ni är en upptagen person, men jag kan lova er att tiden är väl använd. Hur jag kan vara så säker på det? Efterhand som ni hör vad jag har att berätta kommer det att bli alltmer uppenbart varför det här är ett viktigt samtal – för oss båda.

Jag föddes precis vid krigsslutet och är tjugofem år gammal. Min mor var en överlevande från Förintelsen och hade anlänt med de vita bussarna. Hon bestämde sig för att adoptera bort mig till ett svenskt par, eftersom hon inte ansåg sig kunna ta hand om ett barn. Det kanske låter som ett konstigt beslut, men jag var inte det enda barnet till förintelseöverlevare som adopterades bort eller sattes i fosterhem. Klandrar jag henne? Ja, det gör jag. Samtidigt förstår jag henne. Hon var ensam i Sverige och hennes efterforskningar visade att hela den övriga familjen hade utplånats.

Jag växte upp med mina adoptivföräldrar tills de skilde sig när jag var i åttaårsåldern. Det blev en hemsk skilsmässa för min pappa hade träffat en annan kvinna. Min adoptivmamma och jag kände oss fruktansvärt övergivna och jag såg inte min adoptivpappa på många år. I början försökte han, men sedan gav han upp. Även det förebrådde jag honom, vilket kan verka konstigt eftersom jag visste att det var jag som hade avvisat honom. Men en förälder får aldrig ge upp sitt barn, det är min åsikt.”

Andreas såg hur mannen på andra sidan av ekskrivbordet sjönk ihop. Det var en subtil rörelse i kroppen, men han noterade den. Det var som om mannen för ett ögonblick förlorade sin stadga, som om skelettet inte längre förmådde hålla upp den tunga kroppen.

”Som liten var jag helt ovetande om att jag inte var deras biologiska barn. När jag väl fick reda på vem som var min mamma var jag arton år och då var det för sent. Hon hade dött i leukemi tio år tidigare. Naturligtvis blev jag upprörd över att mina adoptivföräldrar inte hade berättat sanningen för mig. Jag hade inte fått möjligheten att själv söka efter min mamma. Kanske hade jag inte gjort det, men nu hade jag inte ens något val.

Jag har faktiskt en minnesbild av henne, fast det dröjde många år innan jag förstod att det var hon. Strax innan min mamma dog kom hon till min skola flera gånger. Hon höll sig alltid på avstånd, men jag lade märke till den mörkhåriga lilla kvinnan som spejade över skolgården tills hon upptäckte mig. Då spred sig ett leende över hennes läppar. Jag undrade mycket vem hon var.

En dag när jag såg henne komma gående slängde jag en fotboll över muren och ut på ängen bredvid skolan. Sedan sprang jag efter och gömde mig bakom ett träd. Jag väntade tills hon stod framför mig innan jag gick fram och hälsade på henne. Först verkade hon chockad men hennes förvånade min övergick snabbt i ett varmt leende. Vi bytte några ord med varandra och skildes åt. Jag såg henne aldrig mer.

Märkligt nog drömde jag om vårt möte i många år. Det var alltid samma historia. Jag rusar över en äng och ser en kvinna komma emot mig med utsträckta armar. Jag springer rakt in i hennes famn och hon lyfter upp mig. Trots sin litenhet är hon stark och vaggar mig fram och tillbaka samtidigt som hon sjunger in i mitt öra något som låter som 'gotto wava kurka'. I nästa stund sätter hon ner mig, vinkar och är plötsligt försvunnen. Jag börjar leta men hittar henne inte. Sedan vaknade jag.

Jag hade ingen okomplicerad uppväxt, struntade i skolan, använde droger och gjorde inbrott och stal för att försörja mig och mitt missbruk. Och jag hatade min pappa för att han hade övergett oss. Jag visste ju ingenting. Om de hade talat sanning från början hade inget av det där hänt, det är jag säker på.

Allt urartade till slut och i samband med att min pappa dog insåg jag att det bara fanns en utväg om jag inte skulle gå under och det var att få ordning på mitt liv.

Nej, jag vill helst inte tala om hur det gick till när min pappa dog. Jag kan säga så mycket som att det var en våldsam död och att min adoptivmamma dömdes för dådet, trots att hon var oskyldig. Jag var betydligt mer skyldig än min mamma. Det var inte jag som dödade honom, men man kan vara ansvarig på andra sätt. Men jag vill som sagt inte tala mer om det, och jag har annat att berätta. Ni hade ju inte så mycket tid, sa ni.

Vetskapen om att jag var adopterad och att mina biologiska föräldrar var döda, liksom förmodligen hela min biologiska familj, kunde ha krossat mig. Men i själva verket blev det tvärtom. För första gången kände jag mig hel, mycket tack vare allt det som min moster Madeleine gjorde för mig. Hon bodde inte bara hos mig under den svåra tiden efter min adoptivpappas död. Hon överlämnade också en stor summa pengar som gjorde att jag kunde köpa mig fri från en skuld som hade kunnat kosta mig livet.

Men det var inte allt. Madeleine började också leta efter överlevande från min familj. Klok som hon är insåg hon att det var viktigt för mig. Till att börja med var sökandet utan framgång. Sedan, som ett sista försök, reste hon till Łódź, där min familj kom ifrån. Och ni behöver inte säga det – jag vet redan att ni också kommer från Łódź.

Jag minns så väl när hon berättade om det hon hade fått reda på. Jag kom hem och fann min adoptivmamma och Madeleine sittande i soffan. Mamma var blek i ansiktet och vinkade frånvarande till mig när jag steg in i rummet.

Sedan förklarade Madeleine att hon otroligt nog hade lyckats spåra upp en gammal kvinna som arbetat som hushållerska i min mors familj. Kvinnan kunde inte längre tala, men genom personalen på ålderdomshemmet fick Madeleine ändå adressen till en person som skulle kunna vara min biologiska mammas syster, Rachel Zylberberg. Kanske känner ni till henne? Träffade ni henne möjligen i Łódź?

Ja, ni hörde rätt, det finns förakt i min röst. Jag tror att ni börjar inse vad detta handlar om och varför jag tycker att ni är en ynklig människa."

Mannen sa ingenting och för ett ögonblick kände Andreas medlidande med den hopsjunkne mannen i sin dyra kostym.

"Förlåt mig. Det var inte meningen att låta känslorna ta överhanden. Tanken med det här mötet var inte att jag skulle vräka ur mig förolämpningar. Jag hoppas att du förstår det.

Hursomhelst ringde Madeleine upp kvinnan som mycket riktigt var min moster och som blev överlycklig när hon fick höra att jag levde. Hon ville att vi genast skulle komma och hälsa på henne och hennes familj. De bodde på en kibbutz i Israel.

Det dröjde några månader innan jag kunde ge mig iväg. Jag var tvungen att avsluta terminen och jag ville inte lämna min adoptivmamma som precis hade frigetts. Varken hon eller Madeleine ville följa med mig till Israel. Madeleine sa leende att hennes uppdrag var fullgjort, för denna gång. Min mamma förklarade att hon inte ville störa när jag återförenades med min biologiska familj. Jag vet att det inte var den enda anledningen. Visserligen var hon glad för min skull, men samtidigt oroad över hur vår relation skulle påverkas av att jag återknöt banden med min judiska familj. Hon var helt enkelt svartsjuk, även om hon försökte dölja det.

Jag skrev ett brev till Rachel och fick svar efter ett par veckor. Hon kunde knappt bärga sig tills jag skulle komma. I brevet skrev jag ingenting om min mor. Madeleine hade inte haft hjärta att berätta för Rachel att hennes syster hade överlevt transporten till Sverige. Jag bestämde mig för att berätta när vi träffades.

Jag anlände till Israel i mitten av maj 1968. Rachel hade erbjudit sig att komma och möta mig på Lodflygplatsen, men jag menade att det var bättre att vi träffades i lugn och ro på hennes kibbutz. Jag hade bokat ett hotellrum i Tel Aviv och skulle åka buss till kibbutzen morgonen efter.

När jag efter att ha checkat in på hotellet vandrade omkring i trängseln på Tel Avivs nöjesgata Dizengoff, slog det mig att alla runtomkring mig var judar, liksom jag. Kanske borde jag känna samhörighet med dem, men jag tyckte snarare att de var väldigt olika mig. Många av dem var högljudda och skräniga, som om de hade ett behov av att bli sedda.

Istället drogs jag till de svartklädda ortodoxa judarna med sina tinningslockar. Enligt det brev som jag fått från min biologiska mamma var det från en sådan släkt jag kom. Där stod jag, en döpt svensk man, och stirrade på ortodoxa judar som kunde ha varit mina förfäder. Det kändes som om de kom från en annan planet. Hur kunde vi se så annorlunda ut och ändå tillhöra samma folk, tänkte jag och stirrade ner på mina gabardinbyxor och min blommiga skjorta.

Jag sov knappt en blund den natten, och det berodde

inte bara på den trasiga fläkten i rummet och oväsendet utanför fönstret – jag var spänd inför mötet med min familj. Jag har alltid sovit i pyjamas, men för första gången slet jag av mig de genomfuktiga plaggen och låg naken i sängen. Kanske var det symboliskt, som i väntan på en ny födelse, vem vet?

Jag gick upp tidigt och hann med en promenad på den vita stranden. På vägen dit köpte jag ett par halvlånga bruna shorts, som jag satte på mig bakom en badhytt och genast kände jag mig lite mindre som en turist. Någon frukost kunde jag inte förmå mig att äta när jag kom tillbaka till hotellet, trots att den gamla kvinnan i receptionen tjatade på mig som om jag vore hennes ouppfostrade son: 'Du måste äta något, du växer ju fortfarande.'

På den stökiga och smutsiga busstationen fann jag efter lite letande rätt buss som tog mig norrut, förbi förorterna till Tel Aviv och ut på slättlandet norrut. Överallt fanns jordbruk, precis som man kunde tro efter att ha hört om hur israelerna förvandlat öken och träskmarker till odlingsbart land. Vi passerade både arabiska byar och områden som beboddes av judar, strikt åtskilda efter vad jag förstod. Jag satt bredvid en gammal kvinna som hade en plastkasse med frukt i knäet. Hon försökte tala med mig ett par gånger, men jag kunde bara skaka på huvudet och le och då log hon tillbaka. Efter en timme klev hon av och resten av vägen satt jag ensam på plastsätet avsett för två.

Framme i den lilla staden Bet Shean bytte jag till en lokal buss som på tjugo minuter tog mig till kibbutzen. Jag hade bett busschauffören säga till var jag skulle kliva av och hans grymtningar och vinkningar när vi närmade oss busshållplatsen kunde bara tolkas på ett sätt – snabba på med att lämna min buss! Med ryggsäcken i handen klev jag av och stod plötsligt framför ingången till Kibbutz Bet Alfa. Jag gick in på det grönskande kibbutzområdet utan att någon stoppade mig. Bakom kibbutzens låga hus reste sig ett berg och jag tänkte att Jesus en gång i tiden vandrat i detta område och kanske blickat upp mot samma höjd.

Jag frågade en man som körde förbi i en traktor var jag kunde finna Rachel Weissman och han svarade något obegripligt på hebreiska och pekade rakt fram. När han insåg att jag inte förstod sa han: 'Children, children' och pekade ännu ivrigare åt samma håll. Jag fortsatte förbi något som verkade vara matsalen och utanför några hus längre bort sprang barn i olika åldrar omkring. Jag insåg att det måste vara de kollektiva barnhusen, där barnen bodde, skilda från sina föräldrar under nätterna. Ett märkligt system, men kanske fungerade det ändå.

En kvinna som vaktade barnen upplyste mig om att Rachel arbetade i huset där de minsta barnen bodde, en byggnad målad i vitt. I samma ögonblick jag kom fram till den låga trappan till verandan klev Rachel ut genom dörren – jag visste instinktivt att det var hon. Rachel var kortväxt och ganska fyllig med ett vackert ansikte och intensiva ögon. Vi stirrade på varandra några sekunder, sedan klev hon långsamt nedför trappan, sa mitt namn och slöt mig i sin famn. Jag vet inte hur länge vi stod där med armarna om varandra.

Slutligen blev vi avbrutna av en grupp skrikande barn som kom rusande ut genom dörren och jagade varandra. Två av dem tog tag i Rachels ben och en i mina och skrattande tryckte de ihop oss i en stor människoklump medan de andra barnen sprang runt oss i en cirkel. Vi började skratta åt det absurda i situationen och Rachel sa på engelska: 'Det är tydligen meningen att vi aldrig mer ska skiljas åt.'

Vi frigjorde oss från barnen och Rachel ropade något till sina kollegor på hebreiska. Sedan tog hon mig under armen och sa med sin mörka röst: 'Kom, nu går vi och dricker kaffe.' Hon talade engelska med kraftig hebreisk brytning.

När vi väl hade installerat oss i vardagsrummet i deras lilla hus började Rachel fråga mig om mitt liv. Jag svarade snällt men hade egentligen tankarna på annat håll. Efter en stund kom frågan om min mor. När exakt hade hon dött?

Jag visste att jag var tvungen att berätta sanningen för Rachel, att upplysningarna hon hade fått var felaktiga. Jag hade fruktat detta ögonblick, men insåg att jag inte kunde skjuta upp det längre, så jag sa som det var.

Rachel tittade misstroget på mig i flera sekunder och frågade sedan om jag skämtade. När jag skakade på huvudet gömde hon ansiktet i händerna och började gråta. Hennes förtvivlan visste inga gränser då hon insåg att de hade kunnat återförenas.

'Men sökte aldrig Hanna efter mig?' frågade hon till sist. Det enda svar jag hade var att Hannas efterforskningar hade slutat i intet och att hon dragit den rimliga slutsatsen av detta – att dödsmarschen hade gjort slut på Rachels liv."

Andreas sneglade på mannen med det grå håret och de bruna ögonen som stirrade rakt på honom. Nu har jag sagt min mors namn, tänkte Andreas. Gud vet vad som försiggår i hans huvud. Sedan fortsatte han att berätta:

"Hon var stark, denna överlevare från Förintelsen och

kibbutzmedlem. Efter några minuter hade hon samlat ihop sig och hon tog mitt huvud i sina händer och kysste mig på pannan. 'Men du lever, Hannas son, du lever', sa hon med ömhet i rösten. Sedan reste hon sig och sa att hon skulle göra i ordning kaffet, och ovetande om att det vattniga blasket som hon snart skulle servera gick under namnet 'kaffe' tackade jag ja. När Rachel försvunnit in i den lilla kokvrån passade jag på att titta mig omkring i huset. Det bestod av ett litet sovrum med två sängar placerade vid var sin vägg, ett vardagsrum med matsalsbord och en enkel soffgrupp samt kokvrån. Det fanns ingen teve men en stor radio stod i ena hörnet. På de vitmålade väggarna satt bara enstaka tavlor och golvet var kalt med endast en liten trasmatta vid dörren.

Jag hörde Rachel snyfta svagt och insåg att hon hade gått iväg för att jag inte skulle se hur ledsen hon var. Jag visste inte om jag skulle lämna henne ifred eller gå in till henne, men innan jag hade bestämt mig hörde jag hur hon snöt sig och strax därefter kom hon ut med två koppar kaffe och mjölk samt ett fat med torra kex på en bricka.

Rachel fortsatte ställa frågor om mitt liv och jag svarade pliktskyldigt. Efter en stund avbröt jag henne. Jag ville veta hur hon hade hamnat i Israel. Hon svarade att hon hade kommit dit från Polen 1945 och först bott på en annan kibbutz. 'Efter ett par år träffade jag min blivande man, Avi, som bodde på Bet Alfa och därför flyttade jag hit. Vi har en dotter, Dafna, som du strax ska få träffa. Hon är din kusin, Andreas.'

I samma stund hördes röster utanför huset och snart kom Avi och Dafna in genom dörren. Avi var kort och kraftig, brunbränd med fårat ansikte, ett utseende som fick mig att tänka att han arbetade utomhus. När vi hälsade på varandra klämde han nästan sönder min hand. Dafna var i sjuttonårsåldern med lockigt, mörkt hår, ett smittande leende och en förvånansvärt mörk röst som jag första gången hörde när hon gav mig en kram och sa: 'Hej, kusin, välkommen till ditt hemland.'

Jag stannade på kibbutzen i en vecka och lärde känna min nyfunna familj, som jag tycker mycket om. Ja, mer än så faktiskt. Jag älskar dem, inte minst för att de utan förbehåll tog emot mig som en självklar familjemedlem.

Jag ser att du börjar skruva på dig och titta på klockan. Du vill att jag ska komma till saken och det ska jag. Först måste jag bara berätta om det sista samtalet jag hade med Rachel innan jag åkte hem till Sverige.

Vi satt på den lilla terrassen utanför deras hus. Egentligen var det för varmt för att sitta ute, men eftermiddagen höll på att övergå i kväll och solen hade precis försvunnit bakom berget, vilket gjorde temperaturen mer uthärdlig. Med en cigarett i handen blickade Rachel ut över dalen nedanför kibbutzens bostadshus. På bara några dagar hade vi kommit varandra nära, nästan som om vi hade känt varandra hela livet.

Jag hade undvikit de frågor som jag visste att jag skulle bli tvungen att ställa och Rachel hade ännu inte sagt ett ord om Förintelsen, bara tyst lyssnat till min översättning av Hannas brev. Nu insåg jag att det inte gick att vänta längre. Jag lutade mig fram och rörde försiktigt vid hennes arm. När hon vände sig mot mig hann jag inte öppna munnen förrän hon sa: 'Jag har frågat mycket och du har svarat. Och du har frågat och jag har svarat. Men du har frågor kvar, det förstår jag. Så ställ dem. Jag ska svara så gott jag kan.'

Lättad över hennes ord sa jag att jag ville veta vad som hade hänt under kriget. Rachel var tyst ett ögonblick och sa sedan: 'Jag hade inte haft allt detta om det inte vore för Hanna. Jag har henne att tacka för mitt liv.'

Jag blev lite förvånad. Jag visste att Rachel, genom att tvinga personalen på de vita bussarna att ta med hennes syster räddat Hannas liv och därmed mitt. Men inget i min mammas brev hade antytt att hon räddat Rachels liv. Rachel såg min brydda min och sa: 'Jag vet inte vad du vet och vad du inte vet, så jag ska berätta allt från början.'

Och det gjorde hon, men jag ska inte förlänga det här samtalet genom att återge allt det som hände dem i början av kriget, bara att de bodde i Łódź och att de sedan kom att hamna i stadens getto. Jag vet att ni också befann er i Łódź getto och var en av de niohundra personer som lyckades undgå deportation och stanna i gettot tills ni blev befriade av ryssarna i januari 1945.

Istället vill jag tala om det som skedde i augusti 1944, då Rachel och Hanna var de enda i sin familj som fanns kvar i gettot. Det är också här ni kommer in i berättelsen.

RACHEL

1968

Rachel kupade handen runt tändstickan och tände ytterligare en cigarett. Hon blåste ut ett moln av rök innan hon fortsatte sin berättelse:

”I augusti 1944 var det bara Hanna och jag kvar i gettot från vår familj. Hannas make, Adam, hade nyligen skickats iväg och vid denna tidpunkt anade vi vad 'deportation' innebar. Hannas arbete som sekreterare i Judiska rådets administration gjorde att hon hade tillgång till mer information än de flesta. En dag kom hon uppskakad till mig och berättade att man skulle skicka iväg dem som bodde i kvarteret där vår lägenhet låg. Hon skulle bli undantagen, sa hon, på grund av sitt arbete, men jag skulle föras bort. Jag sa: 'Jag flyttar!' men Hanna svarade att de planerade att tömma hela gettot och att det var omöjligt att flytta till ett kvarter som var säkert. Då sa jag att jag skulle gömma mig, men Hanna skakade bara på huvudet. Chansen att jag skulle överleva som gömd var obefintlig. Det fanns bara ett sätt: ett speciellt arbetsintyg, där det stod att jag var oumbärlig i någon av gettots fabriker. Kanske fanns det en möjlighet att ordna detta via hennes arbete.

Några dagar senare kom hon till mig med intyget. Jag frågade hur hon hade kunnat ordna det, men hon skakade bara på huvudet. Jag minns att hon slog ner blicken och bet sig i läppen, som hon brukade göra när hon skämdes för något. När vi var små hade jag sett den minen otaliga gånger. Din mamma var ett riktigt busfrö, om du inte visste det. Hursomhelst – hon klappade min hand som höll papperet som skulle rädda mitt liv, sedan lämnade hon rummet. Jag tittade efter henne men vågade inte fråga. Senare fick jag veta att alla omedelbart sändes till gaskamrarna i den transport som jag skulle ha skickats med.

Som du vet transporterades vi till Auschwitz i slutet av augusti och därifrån vidare till Ravensbrück. Under hela denna tid var vi tillsammans, Hanna och jag. Men du kan förstås inte veta vad som hände mig efter att vi skilts åt.

Bara några dagar efter att Hanna åkt iväg med de vita bussarna klev några tyska soldater in i vår barack och beordrade omedelbar uppställning utanför. En liten stund senare kom en officer och sa att vi skulle förflytta oss till fots till ett annat läger. Vi visste att ryssarna inte befann sig långt borta, artillerimullret hördes redan från fronten. Ett ögonblick funderade jag på att försöka gömma mig i lägret, men vi bevakades hela tiden. Det var en kall aprildag med klarblå himmel och en sol som gjorde misslyckade försök att värma oss. På mig hade jag trasiga fångkläder och ett par slitna kängor som var flera nummer för stora. Hur skulle denna vandring sluta?

Till vår förvåning tilldelades vi var sin brödlimpa innan vi bryskt fördes ut ur lägret. Utanför porten fick vi order om att fortsätta rakt fram på en grusväg. Övervakade av soldater vandrade vi i tystnad, hur länge vet jag inte, men flera gånger skrek de på oss att gå snabbare. Vi var en eländig samling som färdades utmed vägen, magra och trötta kvinnor i alla åldrar. Runtomkring mig såg jag alla dessa ansikten, vissa med apatisk blick, andra fortfarande med en inre glöd.

Framåt kvällen började de starka skiljas från de svaga. Vissa kvinnor sackade efter eller föll helt enkelt ihop. Utan att tveka gick soldaterna fram till dem som inte längre orkade, ändade deras liv med ett skott i nacken och sparkade ner dem i diket. Jag insåg att det bara fanns en möjlighet och det var att gå, gå som jag aldrig förut hade gjort. Det var det enda jag tänkte: gå, fortsätt att gå.

Vi gick hela natten utan uppehåll och under vandringen blev vi färre och färre. På morgonen var jag intill döden trött, men jag fortsatte trots det att vandra. Endast Gud vet var jag fick kraften ifrån. På eftermiddagen beordrades vi att stanna och sätta oss vid vägkanten. Vi lade oss ner och somnade omedelbart, ointresserade av vad som skulle hända härnäst.

Efter vad som kändes som en kort sekund väckte soldaterna oss med brutala slag med gevärskolvarna. De som inte förmådde resa sig sköts omedelbart. Jag märkte på soldaterna att de var enormt nervösa och insåg att det var ett gott tecken. Ryssarna måste vara nära nu, vilket bekräftades av ljudet av kanoner som hördes alldeles intill oss. Vi fortsatte vår vandring. Jag satte den ena foten framför den andra och varje gång jag lyckades med det sa jag till mig själv: 'Bravo, ett steg till.'

Sedan gjorde vi återigen halt. En hetsig diskussion utbröt mellan tyskarna och plötsligt drog en officer sin pistol och riktade den mot några soldater. I nästa stund ljöd ett skott och officeren sjönk till marken, träffad i ryggen. Men diskussionen var inte över. Soldaterna verkade inte ha någon aning om vad de skulle göra. De skrek åt varandra och tycktes ha förlorat intresset för oss fångar.

Plötsligt utbröt totalt kaos. Artillerield slog ner omkring oss och vi kastade oss ner i diket. Jag hamnade bredvid en blond soldat i tjugofemårsåldern som hade tappat sin hjälm. Jag kände genast igen en av de mest fruktade vakterna, som jag en gång sett skjuta ihjäl en mor och det spädbarn hon bar i sin famn med ett enda skott och efteråt skratta högt åt sin bedrift tillsammans med sina kamrater.

Nu såg han skräckslagen ut och viskade gång på gång: ’Mutter, Mutter.’ Gud hjälpe mig, men för ett ögonblick ville jag ta min forne plågoande i famnen och säga att allt skulle bli bra. Så klarnade soldatens blick och han såg att jag låg bredvid honom. Utan att tveka tog han tag i mig och började dra mig över sig. Han försökte använda min kropp för att skydda sig själv! Det var den yttersta skymfen. Efter alla år av förnedring skulle en tysk lägervakt använda sig av min kropp som sköld för att rädda sitt eget liv.

Full av raseri slet jag mig loss och ställde mig på knä. Rädslan i hans ögon försvann och ersattes av vrede. Han ställde sig upp, osäkrade sitt gevär och siktade rakt mot min panna. Vi var inte mer än en meter ifrån varandra och jag insåg att det här var slutet men kunde inte låta bli att vråla till honom: ’Schiess, du Schweinhund!’

Jag vet verkligen inte varifrån det kom, men jag minns att han ryckte till, sänkte geväret och stirrade ännu ilsknare på mig. Sedan lyfte han det snabbt igen, slöt vänster öga och siktade på mig genom kornet. Jag var redo och tänkte att jag åtminstone en gång rest mig och med stolthet mött mina förtryckare. Artillerielden hade upphört och det var alldeles tyst runt oss, en underbart vacker tystnad. Jag slöt ögonen och kände en stor frid. Äntligen skulle mitt lidande vara över.

Då föll något emot mig och jag ramlade baklänges. Jag hamnade på rygg med en tyngd över mig och tappade för en stund andan. Så kände jag något vått som droppade ner på min hals och öppnade ögonen. Det var soldaten som hade fallit över mig och blodet kom från ett sår i hans huvud. Vi låg som ett älskande par på botten av diket, med våra kroppsdelar slingrade om varandra.

Jag greps av fasa och började kämpa för att ta mig ur hans omfamning, men jag hade fastnat med handen i en kedja. Jag slet till och kedjan gick av. Sedan såg jag en hand sträckas ner mot mig och jag tog tag i den och drogs upp på fötter.

En ung rysk soldat stod bredvid mig. Han klappade på sin gevärskolv. 'Geschlagen deutschen Soldaten', sa han på knagglig tyska och skrattade så att det syntes att han saknade flera tänder. Jag förstod att han hade räddat mitt liv genom att slå ner den tyske soldaten. 'Willkommen', sa jag dumt nog och neg faktiskt också lite, vilket fick honom att skratta ännu mer. Jag tog mig upp ur diket och möttes av en syn som jag aldrig ska glömma. De tyska soldaterna stod tysta med armarna i luften och överallt rörde sig soldater med ryska uniformer. Ur dikena reste sig de fångar som ännu var vid liv och tillsammans stirrade vi på resterna av Tysklands oövervinneliga armé som plötsligt bestod av en förskrämd grupp pojkar.

Kanske borde jag ha blivit överlycklig vid denna syn, men jag var alldeles för utmattad för att känna något alls.

Bredvid mig stod den unge ryske soldaten och jag lade handen på hans arm och sa 'Spasiba', 'Tack'. Han log och gestikulerade åt mig att gå till den andra sidan av vägen där återstoden av de fångar som deltagit i dödsmarschen höll på att samlas. Vi stirrade misstroget på varandra. Kunde det verkligen vara över?

Det var då jag kände att jag kramade något i min hand. Jag öppnade handen och tittade på föremålet. Det var en kedja med en tysk SS-dödsbricka. Den var från soldaten som sånär hade skjutit mig. Mina fingrar slöts om brickan och jag bestämde mig för att behålla den. Jag har den fortfarande kvar, för att påminna mig om den ondska som finns i världen.

Ryssarna var välvilliga, gav oss vatten och efter några timmar fördes vi till en övergiven förläggning. I efterhand har jag insett att vi hade tur, eftersom inte alla ryska soldater behandlade överlevande från Ravensbrück på samma trevliga sätt. De gav oss till och med soldatransoner, vilket inte var så välbetänkt. Våra utsvultna magar hade inte varit i närheten av fet mat på länge och i stort sett alla fångar fick diarré. Fruktansvärt nog överlevde vissa inte denna påfrestning på sina redan försvagade kroppar. Men nej, det vill jag inte prata om mer.

Därifrån fördes vi tillbaka till Ravensbrück som hade förvandlats till en gigantisk sjukstuga. När jag till fullo förstod att jag faktiskt hade överlevt blev det min målsättning att ta mig tillbaka till Łódź så snart som möjligt, för att ta reda på vilka i familjen som hade klarat sig. Det tog längre tid än jag hade kunnat föreställa mig. Först var jag alldeles för svag, sedan var det svårt att resa någonstans i det kaos som hela Centraleuropa befann sig i. Till fots, på cykel, med lastbil och med tåg tog jag mig från det sargade Tyskland till Polen, som tycktes nästan oförstört vid en jämförelse. I augusti kom jag fram till Łódź. Jag hade redan tidigare sökt upplysningar om min syster men fått det nedslående beskedet att ingen med det namnet hade kommit fram till Sverige med de vita bussarna. Jag förutsatte att Hanna hade dött på vägen, vilket var troligt med tanke på hur svag hon var när jag såg henne sista gången.

Det första jag gjorde när jag anlände till Łódź var att gå till lägenheten där vår familj hade bott. Den låg i det gamla gettoområdet och det var med en rysning jag passerade den gata som tidigare hade skilt gettot från den övriga staden. När jag kom in i kvarteren var det svårt att tro att jag befann mig på samma plats där tusentals människor hade dött av svält och sjukdomar eller skickats iväg till lägren. Jag visste att nazisterna hade låtit en patrull städa upp i området, så att inga spår av deras människohat skulle finnas kvar. Men minnena fanns kvar i varje gatsten, i varje fönsterruta, i varje dörr. Jag kände hur yrseln kom över mig och hann precis gå in i en gränd innan jag började kräkas. På darrande ben fortsatte jag sedan min vandring.

Vårt hus såg obebott ut. Jag klev in genom porten och gick upp till första våningen. Utanför dörren till lägenheten stod jag en stund med handen på handtaget innan jag tryckte ner det. Till min förvåning var dörren olåst och inne i halvmörkret syntes skuggorna av möbler. Hur otroligt det än kan låta var lägenheten i samma skick som när vi lämnade den för ett år och en evighet sedan. Det var som om tiden hade stått stilla. Där stod sängarna, bordet, utdragssoffan, ja, allt det som vi hade lämnat efter oss, förutom tavlorna på väggarna, de var nedplockade.

Jag sjönk ner på en köksstol som stod i ett av rummen och satt där orörlig, Gud vet hur länge. Sedan reste jag mig och gick ett varv i lägenheten för att se om något av värde hade lämnats kvar. Det enda jag fann som jag ville ta med mig var en menora som vi brukade tända vid chanukkahögtiden. Den var gjord i mässing och hade inget egentligt värde, förutom som minne av min familj och av lyckligare tider. Jag fann också en speldosa i pärlemor som Hanna hade älskat och som nog var värd en slant. Med ljusstaken och speldosan under armen lämnade jag lägenheten där jag och mina syskon hade växt upp och stängde dörren för att aldrig mer återvända. Speldosan sålde jag i en antikhandel i samma kvarter. Jag var ju i desperat behov av pengar.

På Judiska församlingen stötte jag ihop med en flicka från min skolklass som jag inte hade träffat sedan tiden före gettot. Vi kramades och det kändes ofattbart skönt att se ett bekant ansikte, trots att vi egentligen inte kände varandra speciellt väl. Hennes familj hade överlevt med hjälp av falska papper i en mindre stad inte långt från Łódź. Hon bjöd mig på lunch och hjälpte mig sedan att få upplysningar om min familj. Ingen hade rapporterats som överlevande, men på listorna över dem som avrättats i Chełmno fann jag mina föräldrars och Ryszards namn. Trots att det bara var en bekräftelse på det jag redan visste grät jag en lång stund.

Sent på kvällen gav jag mig iväg till Beata Bigos lägenhet i hopp om att vår trotjänarinna skulle vara i livet. Ingen öppnade när jag ringde på dörren, men som tur var mötte jag en granne som berättade att Beata och hennes MS-sjuka syster nyligen hade flyttat. Hon gav mig den nya adressen.

När Beata öppnade dörren trodde jag först att hon inte kände igen mig, så oförstående stirrade hon på mig. 'Beata, det är jag, Rachel', sa jag. Då nickade hon stilla och sa: 'Rachel, mitt hjärta, du lever. Gud vare tack!' Sedan slöt hon mig i sin stora famn och när jag kände hennes välbekanta doft upplevde jag för första gången på oändligt länge ett ögonblick av lycka.

Under de två månader jag stannade i Łódź bodde jag hos Beata och hennes syster, vars MS hade blivit sämre under de senaste åren – hon satt nu i rullstol och var beroende av Beatas vård. Under tiden fortsatte jag mina efterforskningar men utan framgång. Så vitt jag kunde bedöma var jag den enda i familjen som hade överlevt och min närmaste släkting i livet var min fars kusin Samuel, som hade emigrerat till Palestina på trettiotalet och nu bodde på en kibbutz som hette Degania Alef. Jag mindes Samuel mycket väl, han var en förtjusande gladlynt liten man. Med vändande post välkomnade han mig dit och skrev att han skulle betrakta mig som sin egen dotter. Själv var han ogift och barnlös. Han skrev också att han kunde ordna pengar till resan om jag bara meddelade honom vart han skulle skicka dem.

Jag tog ett tårfyllt farväl av Beata och hennes syster. Jag skulle träffa Beata igen när jag 1960 besökte henne i Łódź tillsammans med min dotter. Jag ville att Dafna skulle se mina hemtrakter. Det var hemskt att se hur snabbt kommunisterna hade förstört Polen.

Beata hade precis flyttat till ålderdomshemmet och jag ordnade med pengar för att hon skulle kunna ha det lite bekvämare. Vi har inte träffats igen, men vi skrev brev till varandra tills hon började förlora kontakten med omvärlden. Och att jag betalade för att hon skulle ha det bra på ålderdomshemmet var ju anledningen till att du och jag sitter här tillsammans.

Nåväl, i oktober 1945 reste jag till Italien och därifrån vidare till Palestina med en överfull båt. När vi anlände till Haifa och jag steg i land fylldes jag genast av en värme i hela kroppen. Runtomkring mig fanns judar, men de såg annorlunda ut än jag var van vid hemifrån Polen. Männen som arbetade i hamnen var kraftigt byggda, solbrända och klädda i kakibyxor och uppknäppta skjortor. Kvinnorna var minst lika högljudda som männen och många bar kortbyxor och kraftiga kängor. Man såg också en hel del muslimer – män som tillsammans med judarna lastade av skeppen och kvinnor vars barn sprang runt deras ben. Man hörde såväl arabiska som hebreiska och jiddisch i en salig blandning. Det rådde en form av organiserat kaos under den gassande solen och jag kände mig omedelbart hemma i detta myller av människor.

Jag hade turen att komma till Palestina innan britterna gjorde invandring allt svårare, och redan samma dag anlände jag till kibbutzen. Samuel tog emot mig med öppna armar och jag fann mig snart till rätta. Ja, sedan känner du till fortsättningen. Jag träffade min man och flyttade hit till Kibbutz Bet Alfa."

Solen hade sjunkit vid horisonten medan Rachel talade. Hon tittade på Andreas som oroligt rörde sig på stolen. Han sa ingenting men Rachel förstod.

"Jag sa förut att du skulle ställa frågorna och att jag skulle svara så gott jag kunde. Det erbjudandet kvarstår, Andreas, men för att jag ska kunna berätta måste jag veta vad du vill fråga om."

Rachel fimpade ännu en cigarett i ett överfullt askfat.

Hon anade vad som skulle komma och hade redan fattat beslutet att säga som det var om Andreas bad om det, men hon märkte att han tvekade.

Efter en stund sa Andreas: ”Adam deporterades i juli och jag är född i slutet av april. Det innebär att min mamma måste ha gått lite över tiden.”

Rachel drog in luft i lungorna och andades långsamt ut innan hon svarade: ”Hannas kropp utsattes för svåra påfrestelser i lägren, så det är inte så konstigt. Det märkliga var att du överlevde över huvud taget.”

Rachel märkte att Andreas tittade på henne, men hon sa inget mer utan väntade på vad som skulle komma. Till slut tog Andreas åter till orda:

”Du har så fina bruna ögon, Rachel, till skillnad från din syster som hade blå.”

Rachel log mot honom och sa: ”Ja”, som en uppmuntran att fortsätta.

”Och jag vet att Adam var blåögd.”

Hon tittade forskande på Andreas. ”Ja, det stämmer.”

”Men mina ögon är bruna.”

Rachel nickade: ”Om du säger det så, Sherlock Holmes.”

”Sannolikheten för att ett barn med två blåögda föräldrar ska bli brunögt är nästan noll.” Andreas gjorde en liten paus innan han fortsatte: ”Det gör det osannolikt för att inte säga omöjligt att Adam är min far.”

Det var alldeles tyst på verandan på Kibbutz Bet Alfa. Sedan harklade sig Andreas och sa: ”Om du vet vem som är min pappa vill jag att du berättar det, Rachel.”

Rachel stirrade tigande ut över det frodiga gröna gräset som växte mellan husen på kibbutzen. Hon visste att det enda rätta var att säga som det var, att Hanna skulle ha velat det. Samtidigt hade hon burit på denna hemlighet så länge att det var svårt att få orden över läpparna.

Till slut vände hon sig mot Andreas: ”Ja, du har rätt. Adam är inte din pappa.”

Hon såg i hans ansikte att orden kom som en chock, trots att han redan visste. Men nu när hon hade börjat hade hon inget annat val än att fortsätta berätta.

”Hannas och Adams relation blev aldrig densamma efter att deras son Max skickades bort. Adam hade inte protesterat eller rört ett finger för att skydda sitt barn och från den dagen ville Hanna inte längre vara i närheten av sin man. Hennes besvikelse var så djup att hon inte ens talade med honom. Till slut stod Adam inte ut och han valde att flytta till en lägenhet nära fabriken där han arbetade. Han sökte upp oss flera gånger, men Hanna gav inte med sig. Jag tyckte att hon var för hård mot honom, men Hanna brydde sig inte om vad jag ansåg.

Jag vet att det finns två sätt att se på saken. Det ena är rationellt. Adam kunde omöjligt hindra tyskarna och deras handgångna judiska poliser från att skicka iväg Max och därför var det klokt att inte ingripa. Det andra är emotionellt och handlar om att passivt se på när någon i realiteten mördar ens barn.

Nå, vem är jag att döma. Jag tror att det även låg annat bakom Hannas motvilja mot Adam. Deras äktenskap var dåligt innan detta hände och nu fick hon en ursäkt att stöta bort honom. Men den viktigaste anledningen var kanske ändå hennes egna skuldkänslor för att hon inte hade kunnat skydda sitt barn. Hon vände sin sorg utåt, mot Adam.

Att Adam skickades iväg fick vi reda på av hans arbetskamrater. När jag berättade det för Hanna tycktes hon fundera en lång stund innan hon stilla sa: 'Jag vet att jag var orättvis mot Adam, men jag tålde honom inte efter det som hände. Jag är en svag människa.' Hon vände bort ansiktet och sa inget mer. Efter den dagen hörde jag aldrig min syster tala om Max far."

Rachel satt orörlig och det enda som hördes var syrsorna som hade börjat spela. Så vände hon sig mot sin systerson:

"Ja, Andreas, jag vet vem din far är. Om den kunskapen kommer att göra dig lyckligare vet jag däremot inte. Och jag har heller ingen aning om ifall han överlevde kriget. Men jag vet vad han heter, vem han var och vad han gjorde.

Jag ser vad du tänker, men nej, din far var ingen sadistisk tysk våldtäktsman. Han var inte tysk över huvud taget. Men extrema situationer får oss att utföra märkliga handlingar.

Som du vet arbetade Hanna i Balucki Rynek, som var ett slags administrativt område precis på gränsen mellan gettot och resten av staden. Där fanns tyska soldater och tjänstemän men också representanter för Judiska rådet. Hannas chef var en administratör som stod rådet nära. Representanter för rådet hade inflytande över transporterna ifrån gettot. Om de ville skydda någon familjemedlem kunde de göra det, inte hur länge som helst, men åtminstone för en tid.

Jag har berättat för dig vad som hände när vi fick besked om att jag skulle deporteras i augusti 1944 och Hanna ordnade så att jag fick stanna. Det enda jag visste var att jag fick ett intyg som skyddade mig ytterligare en tid, men det var inte förrän den dagen vi skildes åt vid de vita bussarna som jag fick veta hela historien om hur det gick till.

Så snart jag insåg att Hanna var gravid började jag naturligtvis ställa frågan vem som var far till barnet. Jag visste mycket väl att det inte kunde vara Adam. Hanna skakade bara på huvudet och knep ihop munnen. Till slut blev hon arg, eller så var hon bara ledsen när hon sa: 'Du får fråga mig vad du vill, men inte det!'

Sedan kom dagen när Hanna lämnade Ravensbrück. Innan de skulle bära in henne i bussen väntade vi en stund utanför. Plötsligt kände jag hennes hand i min. När jag tittade ner såg jag att hon såg stint på mig med sina vackra ögon, som inte hade mist sin lyster trots att hennes ansikte hade sjunkit in av bristen på mat.

Hon sa: 'Jag vet inte vad som kommer att ske med mig och jag vill att du ska veta vem som är fadern. Det var den enda möjligheten att rädda dig.' Hon släppte min hand och lade sina armar om magen. 'Det är underligt. Trots att jag hatar honom för vad han gjorde älskar jag det här barnet. Jag vet att jag inte förtjänar lyckan att bli mor igen, speciellt inte med tanke på hur barnet kom till, men jag älskar det likafullt.' Hon tystnade och jag trodde att hon hade förlorat medvetandet. Men sedan hörde jag åter hennes röst, så svag att jag var tvungen att luta mig fram för att höra vad hon sa.

'Han krävde en gentjänst för att ge dig arbetsintyget. Bara en liten favör, sa han, så skulle han ordna så att du blev räddad. Och jag gav honom denna favör, inte för att jag ville, och inte för att det var mig likgiltigt, utan för att jag var tvungen. En man som gjort mycket ont är far till det barn som vilar i min mage.' Hannas ögon var nu slutna men hon fortsatte att tala: 'Du måste känna till sanningen. Det är min chef, du vet vad han heter. Han är far till barnet. Förutom Adam är han den ende som har rört vid mig, och då bara denna enda gång. Kom ihåg det, Rachel, glöm det aldrig.'

I samma stund kom personalen från bussen fram för att besluta om Hanna skulle få åka med dem och jag fördes iväg av de tyska soldaterna. Det var sista gången jag såg min syster."

VLADEK

1970

De två männen satt länge tysta mittemot varandra. Sedan lutade sig mannen som hette Vladek tillbaka på stolen och började tala.

”Jag förstår att det inte var lätt att hitta mig, även om mitt namn är ovanligt. Och hur skulle du ha kunnat gissa att jag befann mig här, i samma land som du. Efter detta skickliga detektivarbete förtjänar du att få höra resten av historien.

Det är lätt att döma människor, det vet jag. Själv har jag dömt många, också till döden, och att jag har syndat, det är jag väl medveten om. Men ibland har människan ett val och ibland inte. Jag antar att dina huvudskakningar betyder att du anser att vi alltid kan välja vårt öde, men ett exempel är detta: Hur kan en far värna om en son som han inte vet om? Jag har lyssnat till din berättelse och gradvis har sanningen uppenbarats för mig. Och jag hoppas att du tror mig, Andreas, när jag säger att jag inte visste att du fanns. Det fanns ett tillfälle när jag borde ha begripit – det inser jag nu – men då tänkte jag inte ens tanken.

Jag förstår att du vill veta vad som verkligen skedde,

att det är därför du är här. För att ge dig en möjlighet att förstå måste jag förklara hur det var i Łódź under de år som gettot existerade.

Innan gettot bildades arbetade jag på ett företag inom importbranschen och gjorde snabb karriär. När Tyskland invaderade Polen 1939 hade jag avancerat till en chefspost och precis fått en rejäl löneökning. Jag hade en plikttrogen och godhjärtad hustru, Sara, och två fina söner, Nathan och Roman. Framtiden hade sett ljus ut om det inte vore för de förbannade nazisterna.

Ordern om att alla judar skulle flytta till det inhägnade område som utgjorde gettot kom i februari 1940. Jag, Sara och våra två små pojkar, vid denna tid sex och fyra år gamla, fick snabbt packa ihop det vi kunde ta med på en vagn och flytta från vår rymliga fyrarumsvåning till en lägenhet med bara ett rum och kök.

När vi för första gången såg vårt rum trodde vi inte våra ögon. Visserligen var det stort, men tapeterna hade lossnat från väggarna och i taket fanns en stor fuktfläck. De som bott där tidigare hade inte städat efter sig och på golvet låg allsköns bråte. Det fanns en säng utan madrass och en soffa att sova i, några stolar och ett slitet och rangligt bord. Vi upptäckte snart att det inte fanns rinnande vatten i köket. Det fick hämtas ur en brunn på gården, där också torrklosetterna var belägna.

Min tappra Sara började genast röja upp och sedan lagade hon så gott hon kunde de gardiner som likt trötta spöken hängde för fönstren. Till pojkarna sa hon att vi var ute på äventyr och att vårt rum var ett skepp som vi skulle segla ut på haven med. Själv kände jag mest en stor ilska över att bli behandlad på detta sätt.

Vi hade det naturligtvis inte lika illa ställt som andra

i huset, det medger jag. Jag hade via kontakter fått köpa en hel del mat som jag lyckades ta med mig in i gettot – konserver och säckar med mjöl och potatis – vilket gjorde att vi under den första tiden inte behövde svälta. Men någon paradisisk tillvaro väntade oss inte innanför de avspärrningar som tyskarna med sådan snabbhet lät bygga.

När jag nu förlorat mitt arbete var jag tvungen att ordna vår försörjning på annat sätt. Vi hade ett litet kapital, men det skulle snart vara förbrukat. För att vi inte skulle svälta började jag arbeta i en av de fabriker som öppnades i gettoområdet. Där ägnade jag dagarna åt att tillverka skor, en enahanda och lågt betald syssla.

Jag fick en möjlighet att förändra min situation i slutet av 1940. Ett judiskt råd hade etablerats av tyskarna för att sköta administrationen av gettot. Det leddes av Chaim Rumkowski. Det var få som anmälde sig frivilligt eftersom många hade blivit avrättade av tyskarna i det råd som tidigare funnits. Men Rumkowski handplockade ett antal personer som sa sig vara villiga att ta på sig detta ansvar. Jag kände Rumkowski sedan tidigare eftersom företaget som jag arbetat på hade levererat varor till hans barnhem. Följaktligen sökte jag upp honom och bad honom att ge mig ett arbete i administrationen.

Rumkowski hade alltid varit en högfärdig person, också när hans verksamhet handlade om att driva barnhem och företag. Samtidigt var han duktig och effektiv, det visste jag. När jag hade ställt min fråga satt han en stund och blängde på mig som om han kunde bedöma min kompetens genom att titta på mig. Jag bestämde mig för att den bästa strategin var att inte stirra tillbaka och inte heller slå ner blicken. Jag log därför och såg mig runtomkring i rummet för att därefter uttrycka min beundran för en målning som hängde på väggen. Tydligen var det en bra strategi, för Rumkowski ignorerade min kommentar om tavlan men gav mig ett arbete. Jag skulle inventera människorna i gettot och hålla reda på var de bodde, var de arbetade, hur stora familjerna var och så vidare. Just då insåg jag inte vilka andra arbetsuppgifter det skulle medföra.

Mitt nya arbete gjorde att vi fick större matransoner och vi kunde också flytta till en lite större lägenhet, som var luxuös i jämförelse med vårt tidigare boende i gettot och ett råtthål i jämförelse med vår lägenhet utanför gettot. Vi slapp också de grannar som i mina ögon alltmer framstod som en samling kverulanter. Jag misstänkte också att de stal mat från oss som hade det något bättre ställt.

Jag förstår att du undrar och svaret är ja – jag blev en av dem som ansvarade för att upprätta listor över dem som skulle transporteras iväg från gettot. Men innan du dömer mig är det några saker du bör veta. Det första är att vi till att börja med inte insåg vart transporterna förde invånarna. Vi var medvetna om att de åkte till Chełmno, men vi hade ingen aning om vad detta innebar. Och sedan, när vi begrep det, ville vi av barmhärtighetsskäl inte informera gettots invånare om vilken deras slutdestination skulle bli. Ja, man kan ju också konstatera att det är allas vår slutdestination. Nej, du drar inte på munnen. Inte den sortens humor som tilltalar dig, förstår jag.

Det andra du bör komma ihåg är att Łódź var det getto i Polen där flest judar överlevde. Om det inte hade varit för Rumkowskis och vårt hårda arbete hade nästan ingen klarat sig levande därifrån. Vi höll nazisterna stången i flera år och även om vi hjälpte till att producera material som användes av tyskarna för att förlänga kriget menar jag att det var värt priset. Mer svårsmält är förstås att vi tillgodosåg deras behov av judiska offer, men det är lätt att fördöma när man sitter i ett varmt kontorsrum i ett tryggt land som Sverige. I Łódź getto handlade det om att åtminstone en del av oss skulle överleva, och i det avseendet var vi pragmatiker ut i fingerspetsarna.

Det tredje du ska tänka på är att vi hela tiden var medvetna om att omvärlden skulle förakta oss för det vi gjorde. Den enda som trodde annorlunda var nog Rumkowski. Han föreställde sig att han skulle bli hyllad och få monument resta över sig för att han lyckades rädda en del av de judar vars liv nazisterna hade anförtrott honom. Vi andra insåg att eftervärlden skulle döma oss skoningslöst för vårt samarbete med tyskarna, men det hindrade oss inte från att kämpa, ja, kämpa, för att så många judar som möjligt skulle överleva Hitlers försök att utplåna oss! Och vi vann! Medan den uslingen ruttnar bort tillsammans med mängder av sina följeslagare vandrar vi fortfarande under solen och njuter av tillvarons mirakel, eller åtminstone gör en del av oss det.

Om jag har några samvetsförebråelser för det som skedde? Ja, naturligtvis. När jag tänker på hur enskilda personer förlorade nära och kära kan jag önska att vi hade valt annorlunda. Men om du frågar mig om jag ångrar att vi på det här sättet försökte rädda så många som möjligt från de nazistiska bödlarna, svarar jag att vi gjorde rätt. Alla – från Chaim Rumkowski, som var ett helgon men också en förbrytare och kollaboratör, ner till den obetydligaste tjänsteman, som jag var – gjorde i princip vad vi kunde.

För att du ska förstå att vi inte var monster, ska jag berätta vad som hände med mina egna barn. I september 1942 kom den tyska ordern om att överlämna tjugotusen människor: barn, gamla och sjuka. Vid denna tid anade många av oss i administrationen vad detta skulle innebära, det vill säga att de skulle avrättas. När Rumkowski fattade beslutet att hjälpa tyskarna att verkställa ordern var han tydlig med att vi inom administrationen skulle ha möjlighet att rädda våra barn. Vi skulle vara undantagna eftersom det skulle inverka negativt på vårt arbete om vi tvingades skicka iväg våra söner och döttrar. Samtidigt insåg jag att vi skulle ha större chans att överleva utan våra barn. Jag diskuterade detta länge med min hustru, som menade att vi inte på några villkor skulle skiljas från våra barn. Jag lät Sara bestämma och delade också hennes uppfattning. På detta sätt överlevde våra söner 1942 års razzior.

Året efter födde Sara vårt tredje barn, lille Isaac. Det blev alltmer uppenbart att inte ens min tjänst inom administrationen kunde skydda våra barn i längden. Tyskarna utförde inte längre deportationer av vuxna, men razzior genomfördes och barn som de fann i gettot blev borttransporterade. Jag byggde en hemlig lucka på vinden som de kunde gömma sig bakom vid fara. I samband med en razzia gömde de sig där, men min yngste son började skrika. Min hustru fattade då ett drastiskt beslut. Hon förstod att soldaterna skulle höra Isaacs skrik när de genomsökte huset, så hon sa till Nathan och Roman att vara tysta och lämnade gömstället.

Därefter bar hon Isaac nedför alla trappor och lade honom på flaket till den lastbil som stod utanför. En välvillig tysk gestapoman erbjöd henne en plats bredvid Isaac och eftersom min hustru förstod att ett nekande kunde medföra omedelbar avrättning klättrade hon upp. När lastbilen hade kört ett hundratal meter hoppade hon av i farten och lämnade vår tre månader gamle son, för att istället smyga sig tillbaka till våra andra söner. På kvällen när jag kom hem redogjorde hon med neutral röst för det inträffade. Men låt mig slippa tala mer om denna dag, det är alltför smärtsamt, även om nästan trettio år har passerat.

En kort tid efter denna händelse slutade min hustru tala med mig och slöt sig inom sig själv. Hennes självpåtagna isolering från omvärlden gick inte att bryta och när hon även slutade äta försökte jag förmå henne att lägga in sig på ett av de sjukhus som fanns inom gettoområdet. Hon vägrade, fortfarande utan att yttra ett ord, och jag hotade då att tvinga henne dit med våld. Det var ett stort misstag. Samma kväll fann jag henne hängande från den krok i taket som tidigare hade burit upp kristallkronan. Den stod nu på golvet bredvid den välta stol som Sara hade stått på när hon fäste snaran om sin hals, den stol som hon hade sparkat undan för att avsluta ett liv i ständig skuld och sorg över att ha sänt iväg sitt eget barn till en plågsam om än snabb död.

Mina pojkar, Nathan och Roman, kunde jag inte finna någonstans och av grannfrun fick jag veta att Sara hade överlämnat dem till poliserna som ständigt patrullerade gatorna. I sin förvirring hade hon valt att skicka iväg dem till ett obestämt öde istället för att anförtro dem åt mig. De var ju äldre än Isaac och hon trodde kanske att de skulle överleva i de fiktiva barnläger som tyskarna och Judiska rådet hade hjälpt oss att fantisera ihop. Självfallet visste jag bättre och tvivlade inte en sekund på vilket öde som hade drabbat dem.

När jag satt på golvet bredvid den pöl av urin som hon ofrivilligt hade lämnat ifrån sig i sin dödskamp funderade jag ett ögonblick på att göra Sara sällskap till den andra sidan, den som ingen av oss med säkerhet vet något om. Men så föll min blick på fotografierna som stod på spiselkransen. Mina två äldsta pojkar, på bilderna fångade i evig barndom, tittade tillbaka på mig med allvarlig min. Plötsligt insåg jag att jag med min egen död skulle skända mina barns minne. De hade gett sina liv för att judarna i Łódź getto skulle överleva ytterligare en tid och denna uppoffring kunde jag inte svika genom att avsluta mitt eget. Jag bestämde mig för att leva vidare i mina barns och min hustrus namn. Inget enkelt beslut, det erkänner jag villigt, för min själ var sargad, men ett beslut som jag står för till denna dag.

Redan nästa morgon var jag tillbaka på min arbetsplats och begravde mig i arbetet med att organisera Łódź judar så att så många som möjligt skulle kunna lämna detta inferno med livet i behåll. Och från denna dag utförde jag mitt arbete till minnet av min familj, som hade lämnat det jordiska livet, förhoppningsvis för något större än vad vare sig du eller jag kan förstå.

Jag var ensam, ohyggligt ensam, men jag vigde mitt liv åt att göra det rätta, eller åtminstone det vi uppfattade som det bästa, för Łódź judiska befolkning. Och till att börja med gav arbetet utdelning. Efter 1942 hade de stora deportationerna upphört och under ett par år verkade vår strategi fungera: att göra oss oumbärliga för den tyska krigsindustrin genom att se till att så många som möjligt av gettots invånare var produktiva. I mitt hjärta gladde jag mig åt att mina barns offer inte hade varit förgäves och i mina böner tackade jag dem varje kväll för att de med sina kroppar och själar hade räddat många Łódźjudars liv. Det finns ingen större mitzva än detta, att med sitt eget liv rädda andras. Ja, förlåt, mitzva betyder god gärning.

Jag har förstått att du vill veta vad som hände mellan mig och Hanna, och eftersom du är så angelägen om att höra sanningen ska du få det. Hela sanningen och ingenting annat än sanningen som de brukar säga i amerikanska filmer, som jag förresten är väldigt förtjust i. Jag ska berätta allt för dig, 'min son'.

Ja, jag vet vem Hanna är. Jag spelade ovetande men ärligt talat förstod jag genast vem du talade om, och jag kommer aldrig att glömma henne. Visst är det märkligt, för jag tror att det fanns en tid då hon skulle ha dödat mig om hon fått chansen. Men sådana är kärlekens irrgångar, att den som älskar kan hatas av den älskade.

När jag för första gången fick syn på Hanna i gettot kände jag genast igen henne. Hon hade gått i samma skola som min lillasyster, frid över hennes minne. Jag mindes Hanna som en charmerande flicka och då hon började arbeta i samma barack som jag, för en annan av Judiska rådets administratörer, fick jag henne raskt överförd till min stab. Min kollega protesterade lite, men jag visste precis vad jag skulle hota med för att övertyga honom om att det var ett bra beslut att låta Hanna arbeta för mig.

Hanna framstod för mig som en ängel i denna absurda värld av underkastelse och död, men hur närmar man sig en himmelsk varelse? Jag är blyg och lite tillbakadragen när det kommer till kvinnor och jag kunde bara beundra och fantisera om Hanna samtidigt som vi hade en formell och korrekt arbetsrelation. Under lång tid nöjde jag mig med att vara nära henne. Jag hälsade på henne på morgonen, arbetade med henne under dagen och tog farväl av henne sent på eftermiddagen. På kvällen och natten tänkte jag ofta på Hanna och drömde om att äga henne. Jag längtade efter att gryningsljuset skulle väcka mig så att jag kunde göra mig redo för ännu en dag i hennes närhet, dagar som aldrig gjorde mig besviken men som efterhand kändes alltmer ofullbordade.

Jag inser i dag att jag blev som besatt. Mina känslor för henne övergick i ett tillstånd av passion. Glöm inte bort att jag var en man som berövats sin familj för ett högre gott – en fruktansvärt ensam man som utan kvinna och barn framlevde sina dagar i ett samhälle som berövats en grundläggande syn på människans oinskränkta värde. Kanske handlade det om att jag undermedvetet koncentrerade mig på henne istället för att tänka på de kära som jag förlorat – jag vet verkligen inte. I mitt minne kommer hon i all evighet att framstå som en inkarnation av den kärlek som endast fantasin kan ge liv till.

Jag har sagt att jag ska vara helt ärlig i min beskrivning av det som hände under denna gettotillvaro, som inte på något sätt liknar det vi i vanliga fall förknippar med normal samvaro. Och det tvingar mig att erkänna att jag bröt mot de moraliska regler som gäller för det mänskliga släktet. Beslutet fattades spontant och utan eftertanke. Om detta utgör en förmildrande omständighet lämnar jag till eftervärlden att bedöma, det vill säga till dig, eftersom ingen annan känner till detta brott. Betänk att även en av judendomens förgrundsgestalter, kung David, gjorde motsvarande av förblindande kärlek eller möjligtvis åtrå. Han sände hettiten Uria i döden för att äkta hans maka, Batseba.

Jag lät Hannas make Adam transporteras till döden för att jag åtrådde henne. Jag kan blott hänvisa till den mänskliga svagheten, hur usel och klen ursäkt det än må vara. Men sanningen är att döden ändå väntade ett antal av de judar som ännu befann sig i gettot i staden som numera gick under namnet Litzmannstadt. Om det inte varit Adam så hade det varit någon annan. Samtidigt vet jag att om en himmelsk domare väntar mig på den andra sidan om döden kommer jag utan misskund att dömas för detta beslut. Mig väntar inget annat än det totala utslocknandet eller den eviga fördömelsen.

Och sedan kom då möjligheten som jag så förtvivlat hade längtat efter, det ögonblick som jag så väl hade lagt grunden för. En dag stod Hanna framför mig och förklarade att inga uppoffringar från hennes sida var för stora för att rädda hennes syster Rachels liv. Och jag föll för frestelsen, jag usla avkomma av Davids ätt, och jag yttrade de ord som innebar en kortvarig välsignelse och en evig fördömelse: 'Ja, jag ska hjälpa dig att rädda din syster. Men då vill jag att du gör något för mig.'

Hanna nickade, uppenbarligen väl medveten om min demoniska trängtan och de behov som levde sitt eget liv efter lång tid av avhållsamhet, och så gav hon sig till mig utan vidare diskussion. I den stunden förstod jag hennes storhet. Hon hade läst mig som en öppen bok. Aldrig hade jag kunnat ana den klarsynthet som denna kvinna besatt och min beundran för henne visste inga gränser, men vad förslår det mot det kroppsliga begäret?

På sätt och vis ångrar jag mitt beslut, men samtidigt är du resultatet av denna förening och jag kan inte förneka din existens lika lite som jag kan förneka att jag i denna situation hade ett val. Men min längtan var för stor och jag beseglade vår uppgörelse där på det skrangliga skrivbordet i mitt torftiga arbetsrum.

Om jag i min naivitet trodde att jag med denna akt skulle övertyga Hanna om att vår relation var inskriven i himlen bedrog jag mig å det gruvligaste. Efteråt ställde hon sig bara upp och bad mig att ta bort systerns namn från listan och ge henne de papper som tillfälligt skulle rädda hennes liv. Som en fåne ordnade jag detta, plötsligt medveten om att den jordiska kärleken är av ett helt annat slag än den himmelska.

Det hände bara den här enda gången och du ska veta att jag inte var ansvarig för att de två systrarna fick lämna den relativa trygghet som Łódź getto erbjöd. Invånarna skickades iväg i ett tempo som ingen av oss i administrationen var förberedd på, och utan mitt medgivande fördes systrarnas namn upp på den lista som nazisterna följde när de tömde gettot. Om jag hade kunnat göra något för att Hanna och Rachel skulle få vara kvar i gettot hade jag gjort det. Men det gick för fort och jag tror att Hanna var medveten om min oförmåga att skydda henne.

Och jag erkänner – ja, jag erkänner – att jag hade fullt upp med att se till att jag befann mig bland dem som fick uppdraget att stanna i gettot och se till att det inte lämnades några spår av den skändliga ideologi som gick ut på att herrefolket utrotade dem som de såg som sin värsta konkurrent om världsherraväldet: det judiska folk som det bara återstod en spillra av i Europa. Paniskt försökte nazisterna utplåna en så kallad ras, som i själva verket är en kulturell och religiös sammanslutning som bygger på en lära av ifrågasättande och ständigt sökande efter kunskap och insikt, en lära som inte i första hand handlar om relationen mellan Gud och människa utan om relationen mellan människor. Detta och inget annat är i grunden judendomen.

Genom att utge mig för att vara en obetydlig 'städare' lyckades jag överleva. Kanske var det till priset av andras liv, men människan är en egoistisk varelse. Administrationen hade inte längre kontroll över vilka som transporterades bort och vilka som fick stanna kvar. Till och med Rumkowski och hans judiska råd fick uppleva nesan att föras bort med tåget till Auschwitz gaskammare. Jag undrar vad han tänkte när han andades sitt sista andetag med lungorna fulla av Zyklon B. Var han stolt över att så länge ha kunnat skydda Łódź svältande judar? Eller förbannade han sig själv för att ha varit en usel kollaboratör som undergivet skickade iväg dem för att tillfälligt tillfredsställa dödslägrens aldrig sinande hunger efter mänskligt kött? Eller kanske båda tankarna fanns närvarande samtidigt i hans slocknande medvetande, vem vet?

Vi arbetade plikttroget med att städa undan bevisen för nazisternas gärningar i Łódź getto. Och när ryssarna överrumplade tyskarna med sitt snabba avancemang och hann fram till oss innan vi hade avrättats som planerat, stod vi, de utvalda få, bland resterna av Rumkowskis fabriker och undrade om vi över huvud taget hade rätt att leva och andas när så många av våra bröder och systrar hade dött.

Ja, jag överlevde, men till vad? Min familj var död och det var även de allra flesta av mina släktingar och vänner. Jag såg mig omkring i den stad som skulle vara mitt hem och kände bara avsky. Nu när kriget var över tänkte jag alltmer på det som hade gått förlorat. Mitt medvetande fylldes av tankar på Nathan, Roman och Isaac, hur de skulle ha mött livets mirakel, med stort oförstånd men också med oändlig nyfikenhet. Och jag skulle ha stått vid deras sida och gjort mitt bästa för att de skulle utvecklas till goda män med charm och integritet. När den dagen var inne skulle jag gifta bort dem och sedan med glädje ta emot beskedet om att jag skulle bli farfar. Därefter skulle kärleken till mina barnbarn fylla mitt hjärta till brädden och jag skulle skämma bort dem bortom allt förnuft. Och under mitt livs afton skulle jag vara omgiven av en stor familj som jag älskade och som älskade mig tillbaka. Och lycklig över allt det jag fått uppleva skulle jag mätt på livet ha lämnat den jordiska tillvaron.

Men så blev det inte för nazisterna berövade mig inte bara mitt människovärde utan också min framtid när de krävde mina barn som en pant för att jag och mina olycksbröder och -systrar skulle få leva vidare i gettot. För detta finns ingen förlåtelse, och kommer heller aldrig att finnas.

Jag tänkte mycket på Hanna men insåg samtidigt att hon med allra största sannolikhet hade fått avsluta sitt liv i något av nazisternas läger. Det avhöll mig ändå inte från att fråga efter henne bland de judar som nu återkom till Łódź, en ynka rest av det judiska samhälle som tidigare hade pulserat av liv.

Sorgen och tankarna på allt det som aldrig skulle ske blev snart övermäktiga och jag insåg att jag skulle bli tvungen att flytta från Łódź om jag inte skulle gå under. Till detta beslut bidrog också att återvändande judar visste att jag tillhört gettoadministrationen och jag fick utstå såväl hot som tillmälen.

Så jag lämnade staden, jag lämnade Polen och flyttade, hör och häpna, till Tyskland, själva ondskans hemvist. Jag visste att det fanns goda möjligheter att hitta ett arbete där, och även förutsättningar att lyckas ekonomiskt, speciellt för någon som kunde tyska och hade erfarenhet av importbranschen.

I fem år bodde jag således i Tyskland, där jag genom affärer, främst med pappersprodukter, byggde upp en mindre förmögenhet. Men trots mina framgångar kände jag hela tiden ett förakt för detta folk som undergivet tog emot allmosor från omvärlden för att över huvud taget kunna ställa mat på bordet till sina barn. Det folk som högdraget proklamerat att de skulle bli världens härskare var nu bara en samling patetiska tiggare, inget mer.

Så jag beslutade mig för att lämna Tyskland – en gång för alla skulle jag lägga den europeiska kontinenten bakom mig för ett land orört av krig och där principen om alla människors lika värde gällde. Jag hade redan ett antal affärskontakter i Sverige genom min handel med kraftpapper, och 1950 flyttade jag hit och här har jag bott sedan dess. Rädd för nya utmaningar har jag aldrig varit. Jag har ökat min förmögenhet och är i dag en respekterad medlem av det svenska samhället och av Mosaiska församlingen. Och med tiden har jag kommit att älska detta land som har gett mig en fristad från ondska och lidande.”

Vladek tystnade och stirrade mot en punkt oändligt långt borta. Efter en stund ryckte han till, som väckt ur en dröm, och fortsatte sin berättelse:

”Låt mig nu berätta något som du inte vet om, Andreas. Under lång tid hade jag absolut ingen aning om vad som hade hänt med Hanna. Jag hade gett upp alla tankar på att hon ännu levde men kunde inte frigöra mig från minnet av henne. Om jag på natten inte återvände till mina söner, Nathan, Roman och Isaac, var det Hanna som fyllde mina drömmar. För mig var det en påminnelse om att besatthetens låga aldrig kan släckas – om den inte brinner i vårt medvetande återuppstår den i vårt omedvetna.

Året var 1953 och det var en alldeles vanlig dag i mitt fyrtioandra levnadsår, en kulen aprildag med regn i luften. Jag befann mig på Hamngatan efter ett möte på Kreditbanken på Norrmalmstorg med min bankman. Vid gott mod spankulerade jag gatan fram – mina affärer visade sig nämligen ha gått över förväntan – när jag såg en kvinna som stod vid NK:s skyltfönster, synbarligen försjunken i tankar. Hon hade mörkt lockigt hår och en liten hatt, som var helt i enlighet med årets mode. Smal såg jag att hon var, och hon bar en ljusgrön kappa. För ett ögonblick fick jag för mig att det var Hanna, så som jag många gånger tidigare misstagit mörklockiga kvinnor för den kvinna som jag aldrig kunnat glömma. Jag var så van vid att se i syne att jag först bara tänkte gå vidare, men sedan vände kvinnan sig om och jag såg hennes ansikte.

Jag stannade mitt i steget och min promenadkäpp kom att peka rakt fram, som om jag frusit till is. Jag stirrade på detta ansikte som aldrig hade lämnat mig någon ro, och med ens var de senaste åren som bortsopade. Det var Hanna, det var verkligen hon! Med min öppna mun såg jag troligen ut som en dåre, men hon måste ändå ha känt igen mig, för hon stirrade tillbaka på mig.

Så stod vi båda, som fångade i varandras blickar. Till slut slöt Hanna ögonen och släppte ut en lång suck. Därefter, utan att ha yttrat ett ord, började hon gå gatan nedåt, i riktning mot Dramaten. Själv stod jag kvar, oförmögen att röra mig eller säga något. I hennes ögon hade jag inte sett vare sig förakt, sorg eller ilska. Nej, snarare utstrålade hennes blick ett mått av likgiltighet och nonchalans.

Jag ryckte upp mig ur det som kändes som en dröm och utan vidare eftertanke började jag gå i samma riktning som Hanna. Jag gick med bestämda steg men inom mig rådde kaos. Först kunde jag inte se henne framför mig, men sedan skymtade jag hennes hatt. Jag kryssade mig fram mellan alla människor på trottoaren innan jag insåg att jag i detta tempo snart skulle vara ikapp Hanna, och vad skulle jag göra då? Så jag bestämde mig för att hålla avståndet tills jag visste vad som skulle ske härnäst.

Efter att ha passerat Norrmalmstorg svängde hon vänster in på Birger Jarlsgatan och gick med bestämda steg ända fram till Stureplan. Där verkade hon tveka lite innan hon korsade gatan och gick i riktning mot Humlegården. Jag fortsatte efter henne, på lagom avstånd, medan mitt hjärta bankade i bröstet, dels av ansträngningen, dels i upphetsningen över att se min Hanna livs levande vandra på gatan i samma stad som jag. Mängder av frågor for genom mitt huvud. Hur hade hon överlevt kriget? Bodde hon här? Skulle hon tala med mig?

Hanna gick nu på en av Humlegårdens grusgångar och när hon nådde fram till parkens mitt stannade hon till vid en av bänkarna. Hon såg sig omkring och ett ögonblick funderade jag på att dyka in bakom ett träd, men sedan ångrade jag mig och stod kvar mitt på gången.

När hon upptäckte mig fick jag först intrycket av att hon tänkte fortsätta gå. Istället satte hon sig ner på bänken med blicken i marken. Jag gick långsamt mot henne och då jag nästan var framme vid bänken sa jag på polska: 'Är det verkligen du, Hanna?'

Hanna tittade fortfarande ner när hon svarade: 'Ja, det är verkligen jag. Trodde du att ni hade lyckats förinta oss alla? Medan ni, nazisternas värsta medlöpare som dödade era egna systrar och bröder, uppenbarligen själva kunde vandra ut från helvetet med livet i behåll.'

Jag stod tyst, för vad annat kunde jag göra? Hennes anklagelser var berättigade. Jag hade kunnat försvara mig med att jag bara var en enkel tjänsteman, men jag visste ju något som Hanna inte visste, att jag av kärlek till henne hade sänt hennes make i döden.

Sedan skedde något märkligt. Hanna tittade upp och jag såg att hon log. Med sin behandskade hand klappade hon på bänken bredvid sig, en uppmaning till mig att slå mig ner.

Förvånad satte jag mig på bänken. En bit bort satt ett ungt kärlekspar som trotsade kylan med hjälp av den värme som strömmade mellan dem. Flickan hade lagt benen över pojkens och han höll sin arm om hennes axlar. Deras munnar befann sig tätt samman men det gick inte att se om de kysstes eller talade med varandra. Antagligen det senare, för plötsligt brast flickan ut i ett klingande skratt.

Hanna hade också sett det förälskade paret och hon såg allvarlig ut när hon sa: 'Kärleken är underbar, men den delen av mig är död. Jag kommer aldrig mer att älska en man.'

En rysning for genom min kropp när jag insåg att denna kvinna aldrig skulle ge mig sinnesfrid. 'Säg inte så, vi vet aldrig vilka gåvor livet kan ge oss. Det kan överraska oss.'

'Nej', sa hon och rösten darrade av plötslig vrede. 'Allt

har tagits ifrån mig. Och du är en av anledningarna till att det har blivit så.'

Vad skulle jag säga? Hon hade mer rätt än hon kunde ana. Till slut sa jag det enda som möjligen kan försona när alla andra ord har förbrukats: 'Förlåt.'

Hanna sa ingenting så jag fortsatte: 'Det jag gjorde var fel. Min enda ursäkt är att jag hade tänkt på dig så länge och var så fruktansvärt ensam. Kanske trodde jag att jag skulle kunna väcka din kärlek, hur obegripligt det än kan låta.'

Jag fortsatte tala, men insåg att Hannas förakt ökade med varje mening. Så jag tystnade och stirrade ner på mina nyinköpta italienska läderskor. Sedan bad jag återigen om förlåtelse, men visste innerst inne att jag inte förtjänade den. Till sist sa jag: 'Jag gör vad som helst för dig, vad som helst. Denna gång behöver du inte återgälda gåvan. Aldrig mer kommer jag att be dig om något som du inte själv vill ge mig.'

Nu vände Hanna blicken mot mig och sa: 'Vad som helst? Kan jag begära vad som helst?'

Jag nickade och tittade på kärleksparet som reste sig och med armarna om varandra började gå på grusgången i riktning mot Kungliga biblioteket. 'Ja, jag ger dig allt du begär. Om du vill ha mitt liv ger jag det till dig.'

Hanna satt rak i ryggen och studerade en fågel som hade slagit sig ner på nästa bänk. Den verkade inspektera något på ryggstödet och hoppade sedan vidare samtidigt som den blixtsnabbt rörde huvudet från sida till sida. Jag väntade och undrade vad hon tänkte. Möjligen hade hennes fråga bara varit retorisk. Slutligen sa hon, så tyst att jag knappt uppfattade hennes ord: 'Jag kommer att behöva pengar. Jag vill att du ska ge mig pengar. Jag inser att du har mycket, som du ser ut, med dina skor, din fina rock och guldringar på fingrarna.'

Jag tittade ner på mina händer. Det hade gått bra för mig sedan jag kom till Sverige och jag visste att jag klädde mig som en överklassmedborgare. Men å andra sidan, vem skulle jag spendera mina pengar på om inte mig själv? Jag var ensam, ja, ibland kände jag mig ensam som en sten. Egentligen var beslutet inte så svårt om jag inte hade fyllts av den billiga känslan av att bli utnyttjad. Jag försökte kämpa emot, men kunde inte avstå från en sarkastisk kommentar: 'Så det är på det sättet jag ska återgälda dig – genom att ge dig pengar? Det påminner om ett yrke som har funnits sedan urminnes tider.'

Till min förvåning log Hanna. 'Om du vill se mig som en hora, går det alldeles utmärkt', sa hon. 'Jag struntar i vilket. Men pengarna är inte till mig utan till en person som vi har skyldigheter mot. Mer än så säger jag inte.'

Min stolthet hindrade mig, annars hade jag naturligtvis ifrågasatt denna underliga utsaga, men nu nöjde jag mig med att värdigt konstatera att om jag hade lovat ge henne det hon begärde skulle jag också göra det.

'Bestäm beloppet så ska du få det, om det inte överstiger mina tillgångar.'

'Inte nu. Jag kommer att kalla på dig. Jag vet inte när, men något säger mig att det inte kommer att dröja alltför länge', sa Hanna och på något sätt verkade hon sjunka ihop och bli ännu mindre. 'Och innan dess vill jag inte att du ska söka efter mig.'

Jag kunde bara nicka stumt och hon reste sig och sa: 'Jag vet att du kommer att hålla ditt löfte. Underligt nog, litar jag i detta ögonblick mer på dig än på någon annan, trots att du har svikit hela mänskligheten.'

Så tog Hanna farväl av mig och gick därifrån i riktning mot Humlegårdsgatan. Och jag – jag satt bara och stirrade tomt efter henne.

Det dröjde knappt ett halvår innan Hanna kontaktade mig. Under den tiden lämnade hon sällan mina tankar, men jag höll mitt löfte att inte söka upp henne – allt annat hade varit en omöjlighet. En sen kväll ringde telefonen hemma. Jag lät ofta bli att svara, telefonen hade jag huvudsakligen för utgående samtal, men något fick mig att den här gången lyfta på luren.

Jag kände omedelbart igen Hannas röst. 'Det är dags för dig att infria ditt löfte', sa hon. 'Jag vill träffa dig i morgon på denna adress.' Med bultande hjärta skrev jag ner gatuadressen och tiden för vårt möte, och jag hade fortfarande inte sagt något när Hanna tillade: 'Glöm inte checkhäftet.' Jag återfick talförmågan lagom tills att jag hörde det klick i telefonluren som markerade att samtalet var avslutat.

Dagen efter, vid den överenskomna tidpunkten, ringde jag på dörren till hennes lägenhet i en söderförort. Hon öppnade dörren och i hallen mötte jag en lång man med lockigt mörkt hår och vänligt ansikte. Han höll precis på att lämna lägenheten. Jag erkänner att jag grubblat mycket över vem han var – en pojkvän, en ytlig bekant eller något annat?"

Vladek såg att Andreas plötsligt lutade sig framåt och öppnade munnen, som för att säga något, men så verkade han ångra sig och sjönk tillbaka mot ryggstödet. Märkligt, tänkte Vladek, men valde att inte fråga. Istället fortsatte han sin berättelse:

"När vi hade blivit ensamma föreslog Hanna att vi

skulle gå ut på gården. Hon sa det inte rakt ut, men jag förstod att hon inte ville vara ensam med mig i lägenheten. Jag kände mig en aning kränkt, vilket jag försökte dölja så gott jag kunde. En våldtäktsman hade jag aldrig varit.

Vi satte oss ner på en bänk som stod intill en liten lekplats, som för tillfället var tom på barn. Det var en molnig dag, minns jag, men inte så kall. Hanna hade satt på sig en tjock kappa men verkade ändå frysa. Jag hade inte kunnat undgå att märka att hon var magrare än någonsin och att hennes ansikte hade en nästan kusligt blek färg.

Hanna sa: ’Tack för att du tog dig tid att träffa mig.’

’Jag hade inget val’, svarade jag och belönades med ett leende.

’Vi kommer aldrig att träffas igen, Vladek. Det här är sista gången.’

Jag minns att jag reagerade starkare på att hon för första gången kallade mig vid förnamn än på vad hennes ord innebar.

’Jag kommer inte att leva länge till, så jag vill att vi avslutar våra affärer. Det finns ingen anledning att tala om min bortgång, det räcker att du vet att jag har en obotlig sjukdom. Snälla, fråga mig inte om det!’

Trots det chockartade i vad hon sa lyfte jag bara handen och nickade för att markera att jag förstod och Hanna fortsatte: ’Jag vill att du ger mig de pengar vi har kommit överens om.’

’Självklart, Hanna. Jag ska hålla mitt löfte. Hur mycket behöver du?’

Hanna nämnde den summa som hon ansåg rimlig för att gottgöra mitt brott och den var inte låg, men jag tog utan att tveka fram mitt checkhäfte och skrev ut det belopp som beskar min förmögenhet med ungefär en femtedel. Jag räckte henne checken med en överdrivet nonchalant gest, för att markera mitt avståndstagande från en transaktion som trots allt var under vår värdighet. Men Hanna agerade på ett sätt som jag aldrig hade kunnat förutse. Hon tog emot checken och i nästa stund kysste hon min panna och sa: 'Jag förlåter dig. Det är förlåtet och nu tackar jag dig, för du har lyft en sten från mitt hjärta.'

Jag var lamslagen. Det var en sådan chock att min världsbild rasade. Denna kvinna, som jag hade tänkt på under alla år och som hyste blott förakt för mig, hade inte gett mig en judaskyss utan en kyss av förlåtelse. Hennes läppars beröring brände ännu mot min hud när jag överväldigad vände mig mot henne för att omedelbart därefter gråtande falla ihop. Hon tog mig i sina armar och strök sakta mitt hår medan jag släppte fram alla de tårar som jag hade burit inom mig. Jag grät över mina barn, över min hustru, över alla dem jag hade dömt till döden och över min egen eländiga existens. Det var som om en storm drog fram genom min kropp och min själ och allt var kaos i vad som kändes som en evighet. Och hela tiden vakade Hanna över mig.

Till sist sansade jag mig och satte mig upp, och tystnaden som följde var lika fridsam som döden. Utan att våga se på henne sa jag att jag kunde förlika mig med att detta var vårt sista möte, för den gåva hon gett mig var betydligt större än det belopp som stod skrivet på checken som jag signerat.

I ögonvrån kunde jag se att hon rörde sig på bänken. Strax efter ställde hon sig upp med ryggen mot mig, som om hon var redo att lämna platsen. Sedan vände hon sig mot mig, sa mitt namn och tog mina händer i sina.

Hon sa: 'I dag har du gjort något stort.' Och efter en liten tvekan fortsatte hon: 'En dag kommer du att förstå.' Hon lyfte min vänstra hand mot sina läppar och gav den en lätt kyss innan hon med bestämda steg gick därifrån. Jag minns att jag registrerade minsta detalj av hennes väsen så länge jag kunde se henne. Slutligen försvann hon bakom huset och för ett ögonblick trodde jag att det hela bara hade varit en tillfällig sinnesförvirring, en hägring, men sedan tittade jag ner på mina händer och såg det knappt förnimbara märket av läppstift.

Om jag vore katolik skulle jag säga att jag precis betalat för en avlat, men den dagen kändes det som om jag hade gjort mer än så. Det var som om jag hade biktat mig för första gången.

Hanna var en märklig människa på många sätt, med mycket godhet i sig. Hon såg till att jag, som hade förbrutit mig mot henne, fick en syndaförlåtelse, åtminstone för ett av mina brott.

Några månader senare såg jag hennes dödsannons i en morgontidning. Jag vill inte belasta dig med de känslor som fyllde mig. Men i detta mörker levde ändå minnet av försoning kvar. Hon hade gett mig en stor gåva och i dag vet jag att den gåvan var ännu större. Varför Hanna inte lät mig veta att jag hade en son, det har jag inget svar på, men jag tror att hon ansåg att jag lika lite som hon kunde göra anspråk på det barn som hade adopterats bort. Eller så litade hon till att försynen skulle se till att du en dag sökte upp mig.

Så mycket mer återstår inte att berätta. Jag vet att jag har begått fruktansvärda handlingar, men vi trodde verkligen helhjärtat på det arbete vi utförde i Łódź getto. Vi fullgjorde vårt värv och det handlade inte om att 'blint lyda order', som de galna nazisterna åberopade till sitt försvar. För vår del handlade det om att rädda liv genom att samarbeta med djävulen.

Ja, du har rätt, vi tog Guds plats och kom att bestämma över liv och död. Och visst är det sant att vi ibland fylldes med en känsla av absolut makt. Men också av maktlöshet.

Tror du inte att jag tusen gånger om har ångrat att jag inte var mer förutseende – då hade jag kanske förmått rädda mina pojkar. Varje natt innan jag somnar tänker jag på mina söner och undrar vad som hade blivit av dem om de fått leva. Varje natt plågar jag mig med frågan om jag inte hade kunnat rädda åtminstone en del av min familj. Det är det kors jag har att bära och jag ska bära det i evighet eller åtminstone tills jag ger upp andan.

Men nu sitter du här framför mig, som en symbol för den kärlek som trots allt går genom världen och jag tänker att Gud måste ha velat detta, att min släkt skulle leva vidare. Du är den ende som finns kvar i min familj, Andreas. Jag vet att jag inte kan begära någonting av dig, men för mig är det här större än om Messias skulle komma till jorden. Du är en välsignelse och om du tillåter mig kommer jag att göra allt som står i min makt för att ditt liv ska bli gott och bära frukt. För du är en del av mig och av det arv som Hitler aldrig lyckades besegra.

Enligt en judisk legend sammankallade Gud änglarna för att få råd om människan skulle skapas eller inte. Vissa änglar svarade ja, andra sa nej. Änglarna kunde inte enas och medan de fortsatte att strida inbördes fattade Gud ensam beslutet och skapade människan.

Inte ens änglarna kunde svara på frågan om människan

skulle bli en välsignelse eller en förbannelse. Och om det är någonting mitt liv har lärt mig så är det att vi är båda delarna. Vilken sida som slutligen kommer att triumfera är en öppen fråga.

Nu har du hört min historia och jag förstår om du fördömer mig. I djupet av mitt hjärta hoppas jag ändå på din förlåtelse, på att du ska kunna försonas med det jag har gjort, mot dig och mot vårt folk.”

EPILOG

2011

”Morfar vakna! Det börjar bli kallt. Du darrar ju.”

Rösten skar rakt igenom Andreas mörker, där han satt på bänken på Norra judiska begravningsplatsen, och han väcktes bryskt ur den dröm han haft så många gånger förr. Han öppnade förvirrat ögonen och betraktade Rebecka, sitt barnbarn, som för en gångs skull hade klätt upp sig i klänning för att hedra farbror Vladeks minne. Hon såg på honom med sin vanliga, genomträngande blick och tvingade honom ut ur drömmens skuggvärld. Bakom fjortonåringen skymtade han sin dotter Miriam och Rebeckas storebror Jonathan som kom emot dem på grusgången.

Drömmen hade kommit till honom så många gånger att han när som helst kunde spela upp den i sitt inre.

Den gamla synagogan är vit och har ett vackert trätak som hålls upp av stadiga pelare. Han går långsamt in genom dörrarna. Längst in framför det öppna torahskåpet står två vitskäggiga rabbiner inbegripna i en livlig diskussion. Han går närmare för att höra vad de säger. De verkar inte bry sig om hans närvaro.

”Det står i Moseböckerna att ’om du inte handlar rätt

ligger synden vid dörren. Dig skall den åtrå, men du skall råda över den'. Det innebär att människan har ett val mellan ont och gott, men vad händer om vi syndar? Profeten Jeremiah uppmanar Gud: 'Förlåt inte deras brott, utplåna inte deras synd!'"

"Det stämmer", säger den andre, "men i Talmud står det att när människor har syndat ska de utsäga sina böner i rätt ordning och då ska Gud förlåta dem. Om Gud kan förlåta, kan även människan göra det."

Diskussionen blir allt hetsigare, utan att de kan enas om något svar på frågan om människans ansvar för sina handlingar och om hennes möjlighet att bli förlåten. Till slut vänder sig båda rabbinerna mot honom och ber honom fälla ett avgörande. Han blir förfärad, slår ifrån sig och säger att hans kunskap är otillräcklig. Den ene rabbinen sätter upp handen i luften, vilket får honom att tystna. Den andre ler milt och säger: "Frågan om ansvaret för våra gärningar och rätten till förlåtelse måste besvaras av varje generation och varje människa utan undantag. Vi väntar nu på just ditt svar."

Där slutade drömmen, varje gång. Han lyckades aldrig finna något slutgiltigt svar och det gjorde han inte heller nu, i vaket tillstånd.

"Sätt er bredvid mig en liten stund", sa Andreas när Miriam och Jonathan hade kommit fram till dem. Den lilla bänken var precis så stor att de fick plats om de trängde ihop sig. Rebecka fnittrade till och försökte knuffa ner sin bror från bänken men utan framgång. Sedan satt de tysta tillsammans, fyra människor på rad.

"Farbror Vladek berättade att när Łódź blev befriat gick han för första gången på fem år utanför gettoområdet", sa Miriam plötsligt. "När han promenerade på stadens gator som en fri man slogs han av tanken att han nu inte behövde oroa sig för att dö förrän han blev sextio år. Han berättade det för mig samma år som han fyllde åttio år. Sedan skulle han leva nästan tjugo år till. Visst är det konstigt."

"Hela farbror Vladek var märklig, tycker jag", sa Rebecka. "Jag tyckte om honom, men vem var han egentligen? Du har aldrig förklarat det, morfar. Det enda du har sagt är att han hör till familjen och att vi ska vara snälla mot honom."

"Jag frågade gammelfarmor och gammelmoster Madeleine när de levde, men de svarade aldrig", fyllde Jonathan i. "Och Rachel, hon skrattar bara när man frågar om farbror Vladek."

"Han är en familjehemlighet, en gåta gömd i ett mysterium", sa Miriam leende.

Andreas nickade, lutade sig fram och tog upp en sten från grusgången. "Det här är en fin sten att lägga på en grav."

"Ja, men farbror Vladeks grav har ingen gravsten än", påpekade Rebecka.

Andreas smekte den blanka stenen med fingrarna. "Den här stenen är inte till farbror Vladeks grav. Den är till någon annan. Jag vill att vi går och besöker hennes grav och sedan ska jag berätta en historia för er, min historia."

"Man ska inte besöka en annan människas grav samma dag som någon har begravts", sa Jonathan.

"Nej, men farbror Vladek skulle nog inte ha haft något emot att vi gör ett undantag i dag. Tvärtom sitter han nog i himlen och nickar sitt samtycke."

Det hade börjat mörkna när de reste sig från bänken. Andreas ledde dem fram till en gammal sliten gravsten där han lade ner stenen. Sedan stod de tysta en stund innan de tillsammans lämnade platsen.

Om man gick tillräckligt nära kunde man med svårighet läsa inskriptionen på gravstenen, skriven med en blandning av hebreiska och latinska bokstäver:

Här vilar
Hanna Zylberberg
22 maj 1919
15 januari 1954
Må hennes själ bli upptagen i
det eviga livets förbund
En länk i den kedja som mänskligheten utgör

TACK

Jag vill rikta ett varmt tack till Eva Cederbaum, Halina Lis och Jakob Ringart som delat med sig av sina erfarenheter under Förintelsen, till Inga Mellgren och Johan Hirschfeldt som hjälpt mig med information om Hinseberg och svensk rättspraxis under 1960-talet, till Birgit Karlsson som delat med sig av sina kunskaper om tysk-svenska handelsförbindelser efter kriget samt till Barbro Nordlöf som gett mig information om rutiner som rör Andreas tidiga barndom.

Flera personer har gett mig värdefulla råd under bokens tillblivelse. Ett speciellt tack till författaren Maria Ernestam som fick rycka in akut under ett kritiskt skede av skrivprocessen.

Ett varmt tack riktar jag också till mitt bokförlag Forum och dess skickliga medarbetare. Bland annat vill jag tacka förläggarna Viveca Peterson och Karin Linge Nordh samt min redaktör Matilda Lund för kloka synpunkter.

TACK!

Genom att välja en klimatsmart pocket från Månpocket bidrar du till vårt arbete för att göra produktionen av pocketböcker miljövänligare.

Vår vision är att ge ut böcker där man tagit hänsyn till miljön i varje steg av produktionen – och vi strävar efter att bli ännu bättre.

- Vi har valt miljöbättre material när vi trycker våra böcker och trycker alla våra böcker på FSC-märkt papper. FSC står för Forest Stewardship Council och verkar för ett ansvarsfullt skogsbruk.
- Vi trycker våra böcker i Sverige för att undvika långa transporter.
- Vi klimatkompenserar för de utsläpp som inte går att undvika i bokproduktionen genom Climate Friendly.
- Genom klimatsmart pocket väljer du ett miljöbättre alternativ och stöder samtidigt Världsnaturfonden WWFs klimatarbete.

Vill du veta mer? Besök **www.manpocket.se/klimatsmartpocket**

FSC

Märket för ansvarsfullt skogsbruk
FSC-SWE-0061
®1996 Forest Stewarship Council A. C

klimatsmart
pocket